本书得到以下项目资助:

◆国家哲学社会科学规划重点项目“国家复杂产品能力比较研究”（15AZD057）

◆浙江省一流学科A类——浙江工商大学工商管理学

◆浙江工商大学校级重点学科和校级重点研究基地——技术经济及管理

为服务而制造

高级服务的兴起

[英] 霍华德·莱特福德（Howard Lightfoot）
[英] 蒂姆·贝恩斯（Tim Bains）
著
李靖华　毛丽娜　译

浙江大学出版社
ZHEJIANG UNIVERSITY PRESS

丛书序

近年来，我国制造业发展遇到了重大瓶颈：世界经济形势持续低迷，国内成本居高、产能过剩，东南亚等地制造工厂迅速崛起，西方国家“再制造”风潮方兴未艾，产业发展的环境极不平稳。我国制造业发展面临深层次的双重挑战：一方面，我国的自主研发能力和技术水平与发达国家相比仍有差距，很多时候还未能掌握产品的核心技术；另一方面，我国 GDP 中服务业增加值已经超过一半，很多人主张不再优先发展制造业。事实上，我国经济发展历程不同于西方，虽然处于工业化发展的中后期阶段，但制造业质量不高，仍需继续发展，其比重将不会快速下降。制造业高端化和服务化趋势并存。制造服务化是中国产业结构升级的内在要求。

装备制造业是制造业的核心组成部分，是国民经济发展特别是工业发展的基础，可谓“立国之本、国之重器”。2007—2009 年世界金融危机后中国提出的《装备制造业调整和振兴规划》表明：“围绕产业转型升级，支持装备制造骨干企业在工程承包、系统集成、设备租赁、提供解决方案、再制造等方面开展增值服务，逐步实现由生产型制造向服务型制造的转变。”2015 年 5 月 8 日国务院印发的《中国制造 2025》也明确指出，要“坚持把结构调整作为建设制造强国的关键环节，大力发展先进制造业，改造提升传统产业，推动生产型制造向服务型制造转变。”《发展服务型制造专项行动指南》也已发布。

“互联网＋”时代下信息技术革命对全社会思维方式、生产方式及生活方式都产生了深远的影响,如产业边界日趋模糊、竞争对手不断跨界,线上线下逐渐打通、物联网和大数据改变竞争规则等。特别是信息技术和互联网将很多产品装备连接在一起,这在为客户带来便利的同时,也提高了产品的重要性和复杂度。装备制造企业通过提供产品及整个复杂系统(包括硬件、软件和网络)的管理和支持服务,可以很好地化解这一问题。因此,制造企业应积极管理资源和能力向服务化延伸拓展,实现向装备生产者和服务提供者复合角色的转型。

表面上看,制造业服务化的难度要远远低于制造业高端化,这往往成为我国制造企业服务化的动因之一。但是,随着制造企业服务化程度的加深,往往会出现所谓的"服务化困境",企业绩效不升反降。特别是基于我国制造业和服务业的实际发展情况,制造企业转型面临的是"制造能力与服务环境双弱"的情境。一方面,我国制造企业自主研发能力和技术水平与发达国家相比仍有差距,未能掌握产品的核心技术,多数制造企业停留在制造生产环节;另一方面,我国服务业的发展水平也不强,无法有效地支撑制造企业的服务活动。这样的情境,决定了我国制造企业服务化转型仍然处于长期的探索过渡阶段。

事实上,我国制造企业已经大量开展制造服务化业务。以我们跟踪研究的杭州企业为例,杭州制氧机集团有限公司(以下简称杭氧)提出了"成为世界一流的空气分离设备和气体运营专家"的企业愿景,以及"向气体提供商转型"的企业战略。杭氧依托原有的技术优势和创新模式,实现了向产业链后端的延伸。杭氧成立于 2002 年,于 2010 年在深圳证券交易所上市,注册资本为 83177.6 万元,是国内最大的空气分离制造企业,属于国内空气分离行业一线品牌,并且正在向国外市场发展。杭氧的主要经营业务有空分设备制造业务、工业气体销售业务、石化设备产品制造业务。其第一家气体公司成立于 2003 年,目前已经设立了 26 家气体子公司,总投资额达到 62.5 亿元,合同总制氧能力达到 95 万立方米/时,工业气体业务规模快速提升。由于气体业务的提供商必须具备设备制造能力、运营维护能力以及客户关系资源等条件,杭氧为此培养了一批专业的气体业务管理人员。目前，公司设有气体投资部、气体工程部、气体运行管理部等业务管理部门，已经成为国内工业气体市场的主要竞争者之一。

与发展中国家一样，发达国家制造企业的服务化也同样是一个新鲜事物，它们逐渐遇到新兴国家制造企业的挑战，后者正在技术上努力追赶，因此制造服务化也已经成为国际制造企业获取竞争优势的一个途径。国外研究表明，实现产品重大创新的企业，客户市场具有寡占特点的企业，以及在产品应用推广方面有更多丰富知识的企业，更容易朝服务业务方向改造自己的商业模式。虽然我国企业的制造服务化环境与国外有一定区别，如制造业和服务业的成熟程度不够高，将制造服务化作为实现产业结构升级的重要途径等，但上述国外企业的实践同样对我们具有一定的借鉴意义。这也正是"世界制造服务化译丛"设计的初衷。

具体地说，本丛书的构想源起于近年来浙江工商大学创新管理研究团队对制造服务化的研究。按照我们的研究传统，研究过程中发现并有效使用的英文专著，总是会争取学科、基地经费的支持在国内翻译出版，以期为相关实业界和学术界的读者提供帮助。翻译的过程虽然辛苦，但也是个深入的学习过程，乐在其中。2010 年以来，团队已经在知识产权出版社和浙江大学出版社翻译出版了《服务创新：对技术机会和市场需求的组织响应》《日本零售业的创新和动态：从技术到业态，再到系统》《金融新服务开发：荷兰银行和保险公司实证研究》《利益相关者理论：现状与展望》共四部译著，在国内获得了一定反响。

"世界制造服务化译丛"选取了在国际上具有较大影响的三部著作，分别是德国甘特·莱主编的 *Servitization in Industry*（Springer，2014）、英国考德威尔和霍华德主编的 *Procuring Complex Performance*（Routledge，2011），以及英国贝恩斯和莱特福德所著的 *Made to Serve*（Wiley，2013）。我们分别将这些书名翻译为《制造服务化手册》《服务供应与采购：复杂产品和大型建造项目管理新趋势》《为服务而制造：高级服务的兴起》。译丛旨在为实业界和学术界提供一个全方位和通俗易懂的世界制造服务化实践和研究的图景。

《制造服务化手册》是2014年以德国系统和创新研究所为主撰写出版的一本主题文集。除去第1章和第20章,全书共分两篇。第一篇从产业现状层面提供了对欧洲制造部门实施服务化的选项和障碍的详尽分析,涉及复印机、飞机、汽车、空分、机床、医疗设备、设备工程、化学品、纸浆和造纸等诸多产品和行业,全面覆盖了装配制造业和流程制造业。产业层面的分析有利于读者对制造商与客户关系获得深入的理解。第二篇从企业运作层面分析了制造商所采取的主要和支持性的服务化活动,涉及客户导向、市场分析、采购和供应商关系、流程和界面、管理会计、产品调适、人力资源等各个方面,这些活动符合重塑服务化商业模式的需要,也丰富了制造服务化的方法。这部分研究涉及战略管理、创新管理、市场营销、财务会计等学科。

《服务供应与采购》展示了大型项目管理中的复杂绩效管理,即在新的动态环境(客户需求快速变化)下,需要长达几十年的保养、升级等服务的组合,无论对供方还是需方来说,这都是一个全新的话题,需要关系治理与契约治理的协调,这就是该书主要关注的内容。该书共分为三部分13章:基础篇(5章)、案例篇(5章)、总结篇(3章)。其中案例篇涉及航空、高速公路、海军国防、医院和机场,都是世界级的企业的案例,代表了国际企业实践的最前沿。

《为服务而制造》对制造服务化的理念和发展趋势——特别是对其中的高级服务——进行了综合性和实践性的介绍。全书共分4部分:商业环境、借助服务业务提升竞争力、服务传递系统、制造服务化的准备。其中第三部分是重点,共7章。该书的主要特点是:展示如何挖掘公司的制造能力从而构建很强的服务化能力;提供了很多制造服务化的企业案例,特别对劳斯莱斯①、卡特彼

① 英国Rolls-Royce公司成立于1906年,于20世纪70年代拆分为汽车和航空发动机两家公司。国内在翻译时大多将汽车公司称为劳斯莱斯,将航空发动机公司称为罗尔斯-罗伊斯。本丛书中统称为劳斯莱斯公司。——译者注

勒、阿尔斯通、德国曼集团、施乐公司提供了深入的案例材料，有助于制造企业走上服务化之路。

从上面的介绍可以看出，三本书的定位各不相同：《制造服务化手册》为中阶读物，重在介绍国际上特别是欧洲多个行业制造服务化的现状，有助于身处这些行业的我国制造企业开阔视野；《复杂绩效采购》为高阶读物，重在介绍全生命周期的服务合同中关系治理与契约治理的协调之道，对服务提供方和服务采购方实施制造服务化都有实践性的帮助；《为服务而制造》为初阶读物，重点介绍制造服务化特别是高级服务的基本理念和发展趋势，有助于制造企业管理人员实现对制造服务化的初步了解。整套三本书在 2016 年年底到 2017 年陆续推出。

丛书的出版所费资金较多，我们有幸得到浙江省一流学科 A 类——浙江工商大学工商管理学、浙江工商大学校级重点学科和校级重点研究基地——技术经济及管理的资助，相关制造服务化课题研究也得到国家哲学社会科学规划重点项目“国家复杂产品生产能力比较研究”(15AZD057)、浙江省哲学社会科学重点研究基地——浙江工商大学浙商研究中心课题“浙商制造服务化的商业模式研究”(15JDZS01YB)、浙江省自然科学基金项目“装备制造业服务化的转型机理：对浙江企业的案例研究”(Y17G020011)以及教育部省属高校哲学社会科学重点研究基地——浙江工商大学商贸研究中心重点项目“供应商关系、价值网络与制造服务化”(15SMGK06D)等的资助，在此一并表示感谢！

丛书的出版得到浙江大学出版社的大力支持，特别是朱玲编辑和杨茜编辑，在此深表感谢！

李靖华

于浙江工商大学技术与服务管理研究中心

2017 年 11 月 1 日

英文版序一

在谈论国民经济、企业类型、教育培训乃至就业问题时，人们常常把生产领域和服务业区别开来。然而，也有制造商通过制造服务化过程（servitization 或 servicization），在服务领域发展出了自己的竞争优势。对制造商来说，向服务化转型所带来的商业利润非常可观，如劳斯莱斯公司每年有接近 50%的利润来自服务业务；服务业大大降低了原材料和能源的使用频率。其对环境保护的积极作用也令人信服。此外，世界上 3/4 的财富由服务活动创造，服务领域机会巨大。

制造企业可以通过很多方式实现向服务领域的转型。一些制造企业只是简单地在原有产品的基础上不断增加服务内容，还有部分制造商则为少数战略合作客户长期提供私人定制的服务，它们把自己视作服务提供商，不断积累设计和生产能力，为客户提供越来越完善的服务。我们把第二种类型的服务定义为高级服务。这将是本书的核心概念。这种产品—服务系统的运作流程及标准与生产领域完全不同，对制造商来说是一项挑战。如果落实得好，服务业务能为制造商带来非常丰厚的经济回报，也有助于生态环境的可持续发展。当然，想要落实和发展也存在不小难度。困难和挑战在于要正确理解这些服务，了解它们在现实中的情况，怎样才能成功地提供这些服务以及什么时候才是采取行动的合适时机。我们写作这本书的目的就是希望能帮助传统的制造商们更好地抓住这一转型的机会。

本书由四个部分组成：在第一部分，我们首先展现了当前制造业所面临的大环境，并由此解释了以服务为基础的竞争战略日益受到重视的原因。第二部分分析了制造企业服务业务的不同形式，各自的财务收益情况及可能存在的风险以及成功提供这些服务所需要的组织系统。在第三部分，我们描述了这个服务系统的实践和它背后强大的技术支持。而在本书的最后一个部分，我们将帮助管理者评估制造服务化对制造型组织的重要影响。

本书旨在对行业实践产生影响，希望对制造业领域内还在争论制造服务化战略价值及其影响的高级经理、管理人员和工程师们有所启示和指导。同时，对正处在职业教育项目中的学生群体而言，本书也有借鉴意义。制造服务化一词是站在传统制造商的角度来说的，主要基于国际领先大公司的实践活动，如劳斯莱斯、德国曼集团、卡特彼勒(及其经销商)、阿尔斯通、施乐等公司，也融合了制造领域的相关研究。在过去的几年中，我们广泛研究了这些企业成功实现服务化战略的发展轨迹。本书的一大特点就是实用性，书中包含大量数据和案例；语言直截了当而又通俗易懂，每部分都以快速导览切入，便于读者把握该部分的内容。

所以，这本书的内容适合你所在的公司吗？可别轻易就被“制造服务化”这个看起来怪怪的词语吓跑，只要能保证效率和效益，所有的制造型企业都能从服务业务中获得收获。同样地，我们期待身处B2B(Business to Business，企业对企业)环境下的制造商们能对本书有所收获，当然，书中出现的术语和案例只能反映这些公司在服务提供过程中的收获与成长。如果你的公司里也有工程师和生产制造的能力，那么这本书非常适合你阅读。实际上，如我们稍后指出的，这些能力对成功实现制造服务化是至关重要的。

本书作者

英文版序二

无论是成本高昂的资本型机械设备还是普通的交通工具，所有产品正变得越来越商业化。全球化和技术的运用使得这些产品能够以更低的成本被生产出来，当然，被模仿和复制的速度同样也越来越快。

仅仅用标准化的产品特征和成本加成的方法来说明这些产品的生产成本已经不够充分，客户越来越希望能与制造商签订产品的终身维修协议，确保产品运行的成本保持在可控范围内。

如果制造商希望在未来还能够继续维持某项业务，实现差异化竞争，那么向服务化转型就是可选的一条路径。

在我的经验中，这样的转型需要花费大量心思与财力，并且不一定适用于所有组织。因为，除了技术因素在驱动这些变革外，其背后的文化、领导力和管理能力同样需要接受考验。

服务化组织的真正挑战在于，把自己放在客户的位置上，从客户角度体验制造商内部的运作流程与现状。这种转型和换位思考的好处在于，自己成为反馈环节的一部分，有助于组织更好地评估“服务状态下”的产品绩效。这种站在客户角度考虑问题的模式如果运作良好，不仅能够形成自己的竞争优势，还能为制造商未来的产品开发提供有价值的信息。

在我们德国曼集团的例子中，产品是获得未来业务/利润流的入场券，而这种收益是通过在车辆整个生命周期内的金融业务、服务业务和部件销售业务获得的。这也反映了一个事实,即在资本货物市场,首先由销售部门负责售出商品,但是若要获得与商品相关的其他潜在收入,那就需要依靠公司的服务部门了。这些服务部门的表现将直接决定公司的声誉、品牌形象、客户满意度、客户保有量以及利润率等情况。

在这本书中,蒂姆和霍华德详细描述了成功进行服务化转型的组织所具有的组织结构,并与传统制造企业的组织结构进行了比较。本书对传统型企业和转型企业的描述,无疑为发达国家中的许多制造企业展示了他们或将经历的未来图景。

德·伊万斯(Des Evans)

德国曼集团 CEO

目录

图目录

表目录

1 绪　论

过去的商业逻辑很简单：制造商负责生产商品，服务公司为我们提供服务。如今，越来越多的制造商开始通过产品与服务的组合进行市场竞争。这就是服务导向型的竞争战略，由此产生的过程通常被称为制造服务化。这一战略的典型代表包括英国的劳斯莱斯汽车公司、美国的施乐公司和法国的阿尔斯通公司等。这些公司均提供一些延伸的维修、保养及彻底检查的服务，而其收入直接与服务的可获得性、可靠性和绩效挂钩。

然而，制造服务化绝不仅仅只在少数大型跨国公司内实行，也不是将服务简单地加到现有的产品中去。服务化是将制造商转型为服务提供商的过程。制造服务化的服务提供者通过一种新的商业模式完善其客户的服务流程，而非仅仅是基于产品的创新。随后，制造商运用这些新的设计和能力全方位提升为客户服务的效率和效益。

不过，制造商历来关注产品创新和成本降低。如保时捷、法拉利等公司就是将新的令人振奋的设计引入市场的典范，而日本的丰田公司则凭其精益生产系统而威震世界。这些成功让人产生了这样一种观念，即制造商提升竞争力的唯一途径就是新的原材料和技术，更快、更可靠的自动化程度，更精细化的加工水平，减少废料计划，更平稳的部件供应流，对员工的承诺，以及在供应链上更密切的配合。

事实上，如今服务已经提供了竞争的第三种方式。对努力获取成功的公司来说,服务并不是一个“替代选项”或“容易的选择”。实际上,部分类型高级服务的传递也需要一些技术和实践,就与在产品生产中一样。服务业务并不是要让制造商放弃自身的技术强项,反而是进一步完善这些优势来获得长期的竞争力。这样一来,服务业务就越来越有产生高价值的潜力了。

具有讽刺意味的是,制造商基于服务进行竞争并不是新现象。早在19世纪,美国国际收割机公司就通过为美国中西部地区的农民提供服务,从而成功打开了当地新款收割机的市场。与此类似,按小时供能的计费方式也部分起源于20世纪60年代布里斯托尔·西德利发动机有限公司的生产实践。或许我们作为一个商业社群(business community)现在才意识到,“制造活动”不仅仅是产品创新、流程技术及生产。我们正在抛弃过去以生产为导向的范式,开始拥抱更为广泛的制造活动的观念。

少数制造商遵循这一观念已经有一些时间了。为了说明这一点,在过去20年中,西方关于是否应该将外包和离岸外包业务交给中国和印度,一直存在着激烈的争论。许多制造企业坚信这一外包的趋势将会以某种方式逆转。在外包部分生产活动的同时,核心制造商已经默默地延伸到其供应链后端,接管了原先由其客户提供的服务活动。服务业务已成为这些核心制造商生存的关键,伴随这一变化而来的还有我们的语言和观念的改变。

传统制造商尚在纠结该不该插手服务业务。管理者常常会说:“我看不到服务化战略究竟能为企业带来什么显著收益”。在组织创新——而不是技术创新中——常常出现这种情况。在20世纪90年代早期,人们很难想象源于日本的“准时制生产”(Just in Time,JIT)将会持续下去,而如今,几乎所有的制造企业都在以各种方式触及精益管理。

制造服务化也是一种类似的范式转换,管理者需要拥有与其他同事不同的思维方式或世界观,这一挑战的难度与说服一位拥有精益管理技能的管理者欣赏批量生产相当。不过,一些利基生产者通过对这些系统的扩展而超过了其他竞争对手(如 Holland & Holland 公司对高价值运动手枪的制造)。那么,如何向生产导向型的企业完整地介绍和解释服务的价值呢?这正是本书致力于解决的一大挑战。

我们的目的在于通过制造服务化这一概念指导传统制造企业实现转型。为了达到这一目标,本书分四步环环相扣地进行阐述。首先,我们论述现实商业条件使得服务越来越与制造业相关。其次,我们给出服务导向竞争战略的解释和例子,尤其关注与制造服务化广泛相关的"高级服务"。第三,我们描绘了如何基于高级服务成功竞争的蓝图,探究了领先制造商所采用的技术和实践。最后,我们总结了制造商向服务化转型所需要的条件。

这四个部分共同展示了一种可能的组织转型。我们的目标在于帮助主流制造商更好、更全面地了解制造服务化及其相关概念,并指导其更广阔的商业实践活动。

1.1 专业术语

人们对"服务"一词有多种理解。本书的后续部分将会详细阐述不少关键术语。在这里,我们给出一些关键的描述,为后续章节提供基础,同时表明本书的大致范围。

1.1.1 本书处理与制造商的关系

各种组织形式都可以提供服务。在日常生活中,我们都会遇到许多似乎只提供服务的组织,比如银行、保险代理人、地方政府、学校和医院等。有时候,这些组织使用产品术语(例如,一个保险产品或一个贷款产品),也与常规生产系统有许多相似之处。本书将这些组织视为"纯粹的服务提供商",不对其进行进一步研究。

本书针对产品制造领域展开研究。我们采用了一种宽泛的制造定义,并用它来说明公司在产品设计和生产上拥有一定的自主权。我们认为即使在制造服务化发展较先进的公司里，这些专业术语也没有被摒弃。例如施乐公司将自己描述成一家服务导向型技术公司；其他公司可能会选择成为一家解决方案提供商或服务提供商。我们使用“制造”这一术语仅仅是为了明确本书的内容，并将这些组织与纯服务提供商做出区分。

我们的意图在于影响所有的制造企业。不幸的是，许多在制造服务化领域领先的案例企业生产的都是大型、昂贵和技术上很复杂的产品。这些公司并不是我们唯一的研究对象，本书的许多经验教训也都是普遍适用的。

1.1.2 制造商通过高级服务进行服务化

“服务”一词可以被用于不同途径。比如，服务可以指一个行动被表现得有多好(这是指好的服务)，也可以用来指一项活动(如咨询、保养、培训或备件提供)。我们关注的是服务一词的第二种含义：制造商可以达成的用以补充其生产产品的活动。所有的制造商都在一定程度上提供着服务，不过，有些制造商通过服务建立市场差异，因而可以被视为在追寻服务导向型竞争战略。

制造服务化是一个有关变革的术语，是指制造商提供越来越多与产品整合在一起的服务。在这一趋势中，部分制造商选择通过提供一个广义且相关的常规服务组合进行服务化。部分制造商几乎完全移入纯服务领域，与其产品基本独立，提供诸如一般性咨询等服务。还有部分制造商转而提供高级服务。

高级服务是制造服务化过程中的一种特殊情况，有时候被称为产出、能力或可获得性合同。在本书中，高级服务是指制造商为客户提供的，在核心业务中起到关键作用的服务(结合有激励的契约机制)。与这种服务提供相关的合同通常会持续许多年，由制造商承担产品使用的绩效风险，同时获得正在进行且更有利润的收益流。由劳斯莱斯公司提供的“按小时供能计价”方式就是这类服务的一个生动阐释。

这些高级服务可以为制造商带来高价值，有助于增强关系，排除竞争者，增加收益和利润。因此，这些服务都是本书所关注的。我们尤其关注的是制造商所大胆涉足并提供的高级服务，如图 1.1 所示。

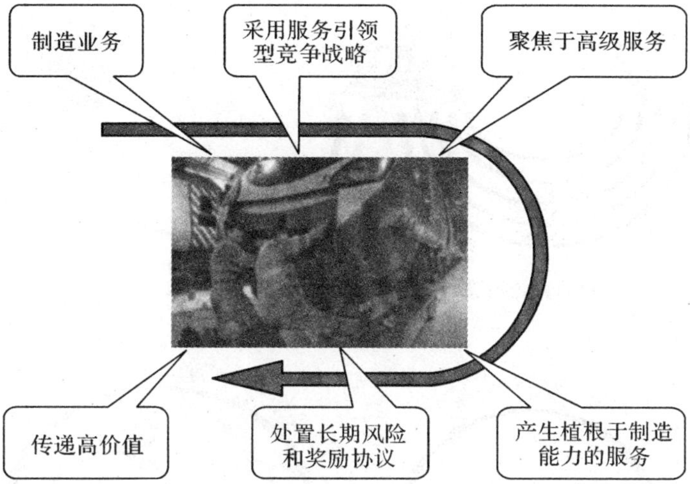

图 1.1　本书中采用的服务化路径

1.1.3　通过产品—服务系统（Product-Service System，PSS）传递高级服务

制造服务化包括服务提供的创新和制造商内部运作能力的创新。这一传递系统与服务提供本身一样重要。正如亨利·福特对世界的改变，不仅仅是因为他的汽车设计（T 型汽车），更是因为他设计的大规模生产系统，可以在一个很低的价格水平上大批量地生产汽车。

生产系统制造产品，产品—服务系统传递高级服务。后一系统基于的是与前一系统大不相同的客户交互方式。图 1.2 展示了以挖掘机装备提供为例的系统呈现过程。

在生产的世界中，制造商提供设备（图 1.2 中的挖掘机）。当挖掘机被售出时，制造商就能获得财务方面的回报。尽管客户可能只想使用设备，但为了使用设备，必须首先筹资购买设备，然后购买必需的耗材（如燃料、润滑油、轮

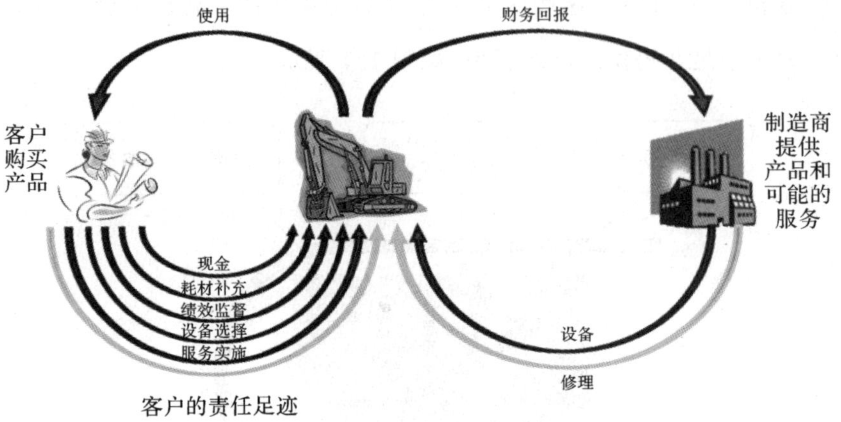

(a) 生产系统

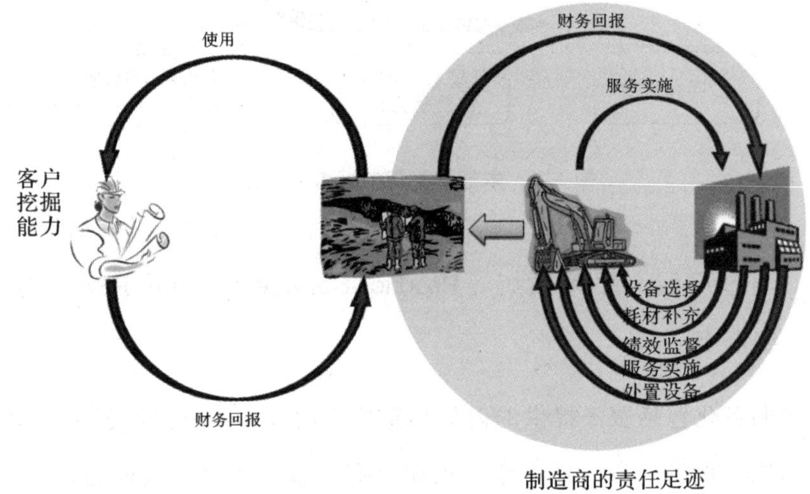

(b) 产品—服务系统

图 1.2　生产系统和产品—服务系统之间的对比

胎),还必须监控设备的运行表现。如果出现问题,客户总是先要进行初步诊断,然后安排维护和修理。这些服务要么由客户自己或原始设备制造商完成,要么由独立的修理商铺代表客户利益进行。最终,设备会磨损,需要更新,客户再一次参与到新设备的选择和旧设备的处置中来。这是基于交易的"生产—消费"商业模式;所有权责任在客户方,制造商的收益流主要基于产品及零部件的销售。

在产品—服务系统中，制造商仍然生产设备，然而，设备所有权及相关的责任并不一定转移到客户，而是由制造商提供一种能力(例如图 1.2 中的挖掘能力)。在理解了客户的需求之后，制造商就承担起了设备选择、耗材补充、绩效监督、服务实施以及最终处置设备的责任，而不再是由客户完成上述任务。作为回报，制造商获得客户因使用设备提供的能力而付出的报酬。这是一个“使用中价值”的商业模式；设备运作的责任在于制造商，而制造商因客户使用设备而获得收益。

生产系统和产品—服务系统都不是独立运作的，两者都受到供应商和合作伙伴组成的生态系统的支持，但是这些系统的角色各有不同。具体来说，金融合作伙伴非常关键，但又常常被忽视。尝试询问像劳斯莱斯公司这样的制造商，仅凭“按小时供能计价”合同如何能够承担起价值一千万美元的汽油涡轮机的购置成本呢？它们如何能在收支平衡表中拥有汽油涡轮机呢？在这些例子中，如国际租赁金融公司(International Leasing Finance Company，ILFC)等合作伙伴可以融资购买涡轮机，然后再租赁给客户(使用者)。客户每月“按小时供能计价”支付费用中的一部分则用来支付这些融资费用。本书之后将会讨论供应商的角色，重点关注它们是如何成功运作这一金融模式的。

1.1.4 产品—服务系统显著影响了制造商的运营

本书关注已经实施服务化的制造商运作的各个方面。就像不少作者关注了为生产服务的精益实践和技术，我们主要关注的是有效率和有效益的高级服务传递系统。

这一实践和技术表现在六个关键领域，如图 1.3 所总结的，成功提供高级服务的制造商创建了一些设施，这些设施共同放置并分配到用户的运营全流程中；同时，这些设施经过垂直整合，提升了响应能力和获得持续改进，配备的人员也是灵活、以服务为中心、真实可信、技术纯熟和适应性强的。这些人员的工作流程已经整合进客户的运作中,受到远程设备监控的支持,有助于主动管理这些领域中资产的状况、使用和位置。整个系统由客户方进行控制,专注于产出,同时也能够体现运作过程的价值。

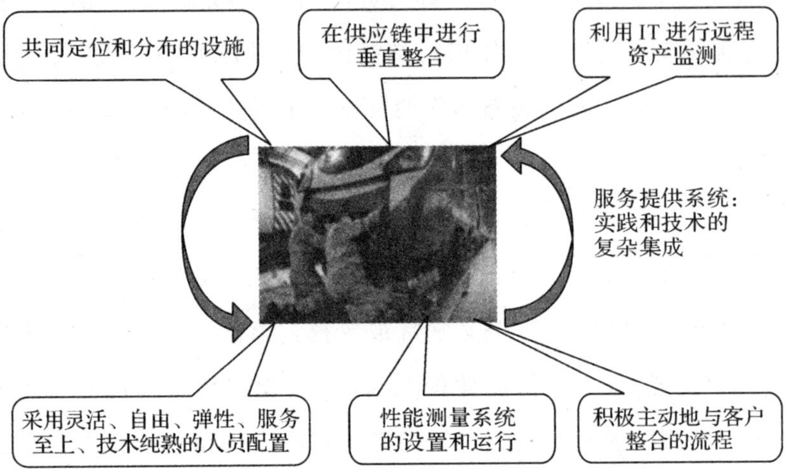

图 1.3　提供高级服务的关键实践和技术

有时候,高级服务被描述成"服务传递系统"。这类术语之所以受到学者们的追捧,源于其有助于识别传递这些服务所具有的复杂性、互动性和相互依赖性。我们偶尔会使用这些术语,不过在更多的时候则钟情于传统的和在实践中更为熟知的术语。必须强调的是,我们关注的是运作过程的方方面面,且包含了传递服务所需要的与客户和供应商的互动。

最后,需要在范围问题上做出说明。制造服务化的挑战已经超出了运作概念,其成功来自于提供合适的产品与服务,面向合适的顾客以及将其运用到合适的领域。从这个意义上来说,我们所呈现的内容是对诸如服务设计和营销等知识的补充。

1.2 知识基础

本书将对世界制造服务化的前沿实践进行深度解读。我们选取案例的标准是:

- **行业卓越性**:所选制造商必须同时具备两个条件:一是在高级服务提供方面取得了重大成功,二是公认的主流生产者。我们需要避免那些专业性较强的制造商,因为他们虽然也很成功,但不容易获得大众的认同。
- **深度和广度**:我们需要检验服务化制造商得以提供实践及技术的整个系统。我们需要上至考虑公司战略的资深经理人、下到提供实地服务的现场技术人员的参与。我们还需要在不同公司之间进行比较。
- **精确的理解**:我们的工作必须符合科学研究的规范性和精确性要求。只有遵从这些程序与步骤,才能确保结论的可信度并知晓其局限性。然而,实践人员往往没有时间或意愿参与科学研究。因此,我们需要直接且简明地阐释我们的发现。

我们的知识基础也因此来源于三个渠道。首先,本书详细研究了劳斯莱斯民用航空,阿尔斯通运输公司[主要是火车日常服务部门(train life service division)],卡特彼勒公司(包括选中的英国和美国经销商),德国曼集团的卡车和城市客车以及施乐公司。表 1.1 简单介绍了这些核心合作者的主要活动。这些公司都是很独特的,在所有案例企业中,我们都参观了公司的机械设备,它们还将我们团队介绍给它们广泛的供应链合作伙伴,它们还为我们安排了针对核心客户的访问。

表 1.1　本书中的先进服务提供商

项目	劳斯莱斯	阿尔斯通运输	德国曼集团	卡特彼勒及经销商	施乐
服务名称	总代管服务(Total Care)	火车日常服务(Train Life Services)	车队管理(Fleet Management)	装备管理服务(Equipment Management Services)	托管式打印服务(Managed Print Services)
典型客户	国泰航空，美国联合航空，新加坡航空	维珍铁路，Tubelines 地铁养护公司，威尔士阿里发铁路(Arriva Trains Wales)，第一集团	温坎顿物流(Wincanton Distribution)，霍耶物流(Hoyer Logistics)	力拓集团，英国黄金—阿散蒂公司(AngloGold Ashanti)	纽波特市议会(Newport City Council)，菲亚特集团，宝洁公司
具体服务活动	预见性保养，物流管理，全球维修和大修	保养，翻新，零配件管理和技术支持	检测，保养以及驱动器和车辆绩效的可视化	监控，使用及定位，预防性保养，非常规维修	多品牌打印，打印队列管理，文档管理，打印设备最优化
服务提供者	劳斯莱斯及其合资公司	阿尔斯通	德国曼集团/独立分销商	卡特彼勒的经销商	外包和合作的中间商/分销商
服务持续时长	10 年	20～30 年	5 年	2～10 年	1～5 年
收益/惩罚的基础	按飞行小时固定价格计费/故障时长	行驶的英里数/乘客损失的时间 运营客户损失的时间	行驶的英里数/暂停服务(故障)时长	按运行小时固定价格计费/故障时长	按复印张数计价，减少“总的所有权成本”

为了进行具体说明，在卡特彼勒公司，我们对公司自身的运作及远在欧洲和美国的关键经销商和用户都做了多次访谈。这些研究包括设施参观、对从公司副总裁到现场服务工程师和服务作业人员的深度访谈及对绩效和实践数据的广泛收集。

非常感谢我们的核心合作者所展示出来的开放态度。作为回报，我们也注意做好人员个人信息的保密工作，并避免过度引用涉及公司数据的资料。有必要强调的是，尽管案例企业参与了我们研究的全过程，但本书都是我们自己做出的对所有这些调研企业的独立理解和阐述。

其次，这一深度研究的过程也受到来自各行业资料的补充。我们不仅获得核心合作者的许可，深挖其服务及传递，还调研了许多其他制造公司来确保我们掌握了广泛且具有代表性的知识基础。调研中，很多业务都以在呈现结果和讨论时不透露对方身份信息为条件，才对我们开放并分享他们的经验，我们也尊重他们的要求。

最后，我们系统地筛查了更广泛的研究资料库中的报告和论文。例如，我们与管理者和工程师们进行了数百次交谈和非公开简报(private briefing)。我们的论文也投稿到各种会议和期刊，并获得有威望的研究团体的反馈。

我们所合力完成的这一知识库是这三个渠道数据的提炼。另外还有许多人直接或间接地对这一研究项目做出了贡献。许多学术和行业中的同仁对我们的研究提出了不少修改意见。我们衷心感谢他们的付出。在本书附录1中，我们对他们的参与及贡献表示了感谢。

1.3 本书贡献

我们的目标是通过制造服务化尤其是高级服务的概念，指导制造商的服务化实践，指导其进行成功的服务传递。那么，这个话题有什么新意？本书有什么独到贡献吗？

我们面临着双重挑战。首次接触制造服务化概念的读者更希望看完本书后有豁然开朗的感受，而熟悉制造服务化主题的读者则会要求深入了解制造服务化的复杂概念。这一挑战本身就已经很棘手，又加上了现有知识库的限制。目前，主要存在以下四方面的研究挑战：

- **榜样**：大部分案例都来自于大型跨国公司，且都是提供昂贵复杂的设备给相对小众的客户，而更多制造商是为广大客户提供批量生产的产品。
- **研究**：大部分研究关注 B2B 的应用，因为这些公司都声称通过工业服务获得了成功。不少研究者希望扩大研究范围，但却面临着一个重大挑战——究竟谁家的制造服务化获得了真正的成功？一般人很容易想到要参考财务绩效，但是事实上，财务绩效很少能充分反映出一家制造商服务业务的绩效。

- **期望**：制造服务化一直被视作尚未被普遍接受的新概念而被寄予很高的期望。对这一主题做出简单的解释，是无法让实践者对服务化战略的显著影响产生充分信心的。当然，又不需要详细复杂的剖析，因为学术研究与“现实世界”存在较大差距。
- **思维模式**：制造服务化的主题正好处在生产系统和服务系统两种观念的交汇处，并从两方面都获得借鉴。但不幸的是，一些来自生产系统世界的人，需要很费劲地来面对不具象的服务提供；类似地，来自服务系统世界的人，需要花些功夫来发现产品和技术能力中的价值。

历史总爱重现。在20世纪80年代早期，研究者曾努力揭示准时制生产的好处，其典型范例来自汽车行业特别是丰田公司。那么，准时制的创新点究竟在哪里呢？在丰田汽车工厂里，你会看到很多由亨利·福特首先提出的概念：标准化配件、劳动分工和移动的生产流水线。大概在丰田的操作流程中，只有20%的部分与福特汽车有所不同。20世纪80年代后期，语言统一了，同时也发生了一些简单的变化，如“质量”一词已经被广泛用来指代标准的一致性，而不致引起一场哲学讨论。在20世纪90年代早期，人们对准时制生产的理解也统一了，它被翻译为精益生产。今天，丰田已是世界最大的汽车制造商。

那么，人们在80年代没有看到的到底是什么呢？在我们的头脑中，已经经历了一场在制造业内组织设计和生产的范式转变。随着时间的推移和商业环境的持续演化，人们的观念也会发生变化；就如同丰田一样，我们并不是要抛弃过去，而是要把过去的事物为己所用。但是，别犯迷糊，因为在整个商业生态中，制造服务化的知识库远远滞后于精益生产。或许制造服务化就处在80年代中期精益生产的情景之下。这并不是说制造服务化这一主题将需要30年时间才能达到成熟并被广泛接受，而是说我们的知识库还很脆弱，还将继续演化。这将是本书读者所面临的一个独特挑战。

毫无疑问，制造服务化是非常重要的一个方向。为了本书，我们投入大量时间沉浸于制造服务化的世界中，当然，我们也深谙生产的世界。在本书中，我们传递出的信息表明，这两个世界是完全不同的，并解释了不同之处及其原因。如果你已深深地涉足于生产，或许可以与你自己的观点进行对比思考。反过来，我们注重实践且简明地从传达制造服务化的原则、概念、实践和技术出发，希望读者体会到这一现象的微妙之处，它不仅仅是在产品中增加一些服务那么简单。

1.4 本书导航

我们希望制造企业中的资深经理们能更好地理解制造服务化这一现象，为此提供了四个主要部分的必要基础，分别是：

- **商业环境**：影响制造服务化采用的因素，尤其是对于西方制造商。
- **借助服务业务提升竞争力**：制造服务化和高级服务的关键因素；在实践中展现出的状态以及服务化的激励、风险和收益。
- **服务传递系统**：领先的制造商如何组织并运作高级服务的传递。
- **制造服务化的准备**：在产业内及单个企业间的制造服务化的条件以及影响成功的因素。

每一部分都从内容概述开始。在本书的最后一章，我们将整本书作为整体进行考虑，并就制造服务化未来的发展提出建议。

第一部分

商业环境

在第一部分，我们将审视支持制造服务化的更为广泛的商业环境。在工业化国家，市场拉动和技术推动过程相互作用，共同促成了制造服务化。在这一过程中五个主题逐渐显现出来。在这里我们将对其逐一进行考察，并展现用以解释制造服务化引起人们兴趣的证据和论断。在总结部分，我们揭示了以下图景。

经济视角

- 制造业务生产正从西方工业化国家转移出来。
- 来自低成本经济体的竞争越来越激烈；就业率只是西方竞争因素中的一个方面，而生产率的提升更快。
- 服务及二级市场代表了另一种战略选择；产品的已有安装基础（现有在用产品的数量）的后续效应也很大。
- 商业利益是显著的；服务的边际利润可能比产品的边际利润高出2～3倍。

环境视角

- 全球都在关注人口、资源利用和消费。

- 发达国家可以通过使用更少的资源做更多的事情为发展中国家做出榜样。
- 服务使得非物质化得以存续(减少能源和原材料的呈现),这提升了环境的可持续性。
- 通过服务,也有机会改进企业的绿色绩效。

市场和社会视角

- 对所有权的渴望、超前消费和可随意处置废弃物的社会需求趋向,对制造服务化提出了挑战。
- 传统的大规模/大批量服务(如自助洗衣店和电视修理店)遭受损失,收入减少。
- 然而,产品和服务并不一定需要相互竞争;产品以成为新服务的平台(如苹果的iPad,iTunes及App Store)。
- 也有许多服务是原先就存在的,但现在由制造商来提供。
- 最根本的是,服务活动的活跃程度与经济社会的富庶程度直接相关。

技术创新视角

- 信息技术使得很多服务成为可能。
- 技术可以获得,且支付得起。
- 广义来说,这仅仅是制造商将其信息技术网络扩展到产品中的一个案例。

知识视角

- 价值是与客户一同创造的,而不是被嵌入产品中的,这一观点对大众的吸引力越来越大。

- 服务与制造流程的差异被更好地理解。
- 大众获得了对组织结构、原则和流程的深刻洞见，这些都能带来有效率又有效益的、以产品为中心的服务。
- 大众越来越能达成共识：以产品为中心的服务有潜力创造可持续的商业模式，而且减少原材料和能源的使用，对环境也有正向影响。
- 我们需要把服务看作是人、技术和商业等各个因素互动构成的系统。

2 制造服务化的商业环境

组织所采用的战略决策在很大程度上反映了企业所处的商业环境。例如，精益生产起源于20世纪五六十年代的日本。而当前的商业氛围则有利于制造商运用服务化战略进行市场竞争，因此在正式开始本书内容之前，我们需要明确服务对于制造竞争究竟有利到什么程度。

要想建立一个综合而全面的图景是很难的。很简单，每一个行业的商业条件都不一样，往小了说，每一家公司的情况也都不一样。好在关于制造服务化有五个反复讨论的主题，范围从有关物理环境的统计到知识生产的趋势。总的来说，这些主题针对制造服务化战略的采纳给出了合理的回答，描绘了一幅商业环境的图景。本章将探讨这些主题及其论据。

需要说明的是，本章仅仅关注宏观层面的外部商业环境，尽量避免个体组织的动机以及组织战略带来的利益。本书第4章和第5章将分别论述这些内部因素。

2.1 经济视角

在过去几十年中，生产的经济中心已经逐步从领先的工业化国家(主要是西方国家)转移出去。例如在美国，经济年增长率已经从20世纪60年代的

7%下降到 2010 年的 4.2%。[①] 图 2.1 展示了世界主要经济体在当前环境下的合作行为，并预测了这些经济体到 2050 年为止的变化与发展情况。

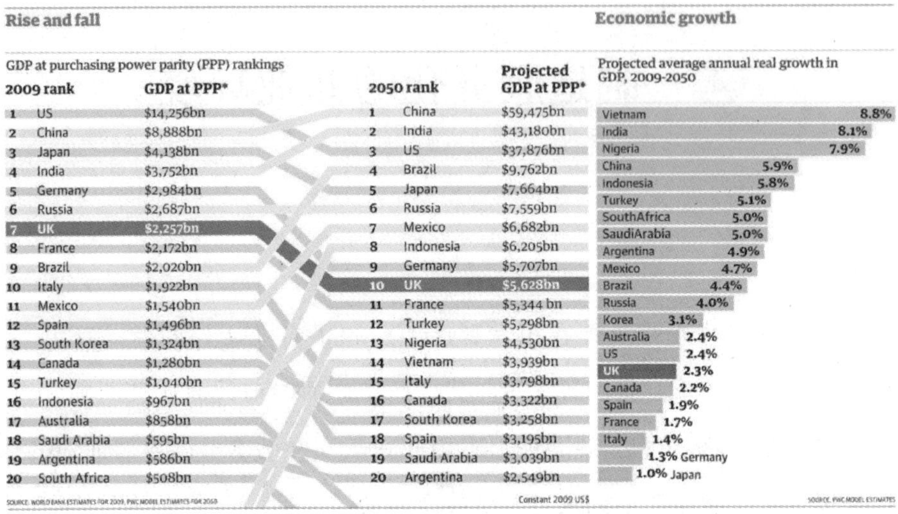

图 2.1 世界经济重新排名的可能情况

注：(1) $：美元；(2) bn：10 亿；(3) 国家名称（按字母序排列）：Argentina（阿根廷）；Australia（澳大利亚）；Brazil（巴西）；Canada（加拿大）；China（中国）；France（法国）；Germany（德国）；India（印度）；Indonesia（印度尼西亚）；Italy（意大利）；Japan（日本）；Mexico（墨西哥）；Nigeria（尼日利亚）；Russia（俄罗斯）；Saudi Arabia（沙特阿拉伯）；South Africa（南非）；South Korea（韩国）；Spain（西班牙）；Turkey（土耳其）；UK（英国）；US（美国）；Vietnam（越南）。

从全球市场来看，新兴经济体有望得到显著发展。例如，到 2025 年，中国很可能将超越美国成为“世界最大经济体”。[②] 其他国家也会冲到前面去。尽管欧洲和北美对新产品的市场需求仍然旺盛，但是已很难维持过去那样高的增长速度了。

从行业层面来看，情况较为复杂，对西方制造商来说喜忧参半。例如，从 2000 年到 2010 年，美国的陶器、制陶工艺和卫生洁具制造业总产值已下降近

① 数据引自美国商务部经济分析局，http://www.bea.gov/industry/gdpbyind_data.htm。

② PWC，引用自 2011 年 1 月的《卫报》微博调查数据（Guardian data blog）。

一半(从 40 亿美元降到 21 亿美元),而与此同时,矿井、石油和天然气田机械制造业则增长了 2 倍多(在同一时期,从 74 亿美元增长到 185 亿美元)。①

影响最小的是那些产品"身份"与特定国家或地区关系最为紧密的行业。哈雷·戴维森摩托的品牌会让人想到美国制造,而路特斯和摩根汽车公司则是英国的标志。类似地,一些产品如医学用品,仅有极短的贮藏寿命,因而需要在生产地进行消费和使用。同样,有些产品因体型过大过重而造成运输成本太高,或因为有管制而影响了其进口(如军用航天器)。

其他行业则要宽松得多。许多新兴经济体在 20 世纪 60 年代没有开放国际贸易,直到 90 年代,中国、印度和巴西才开始激烈竞争,它们的竞争优势明显。表 2.1 表明了各经济体跨领域的劳动报酬率和产出。

表 2.1 国际竞争的增长

国家	以美元计价的制造业每小时报酬		每位制造工人产出的增加值(指数,2002 年数值为 100)		
	2010 年/美元	自 1997 年以来的变化/%	1997 年/美元	2010 年/美元	自 1997 年以来的产出变化/%
美国	34.74	3.2	76.1	149.8	197
英国	29.44	3.6	83.1	128	154
德国	43.76	3.2	90.5	112.9	137
法国	40.55	3.8	88.4	120.9	137
中国*	1.36	2.19	—	—	—
印度*	2.3	1.44	—	—	—
新加坡	19.10	3.5	78.4	143.7	183
韩国	—	—	66	160.7	243
日本	—	—	91.5	134.9	147

资料来源:美国劳工统计局,2011。

* 表示是估计值。

① 美国商务部经济分析局,2011。

不同劳动率间的差异是实质性的。比如，中国的用工成本只相当于美国的4%，而印度的用工成本只相当于英国的8%。大部分人担忧在不远的将来，西方制造商用工成本的劣势会进一步扩大。因为在中国，这一比例的增长速度只是美国的68%，而印度的用工成本增长速度只是英国的40%。

新兴经济体的生产率还在稳步提升。表2.1反映了与英国、德国和法国相比，韩国和新加坡的员工劳动产出提升的速度更快。在西方的制造商中，只有美国劳动生产率的增长速度能与新兴经济体相匹敌。

对此类数据最普遍的解读是，建议西方制造商们通过专注于高附加值产品进行竞争。有意思的是，英国摩托车行业在20世纪60年代末到70年代初采取的正是这一战略，其结果是，竞争对手日本同样遵循这一策略后，英国摩托车行业就没落了。无论如何，如图2.2所示，至少在目前来看，美国仍在很好地维持着这一战略。

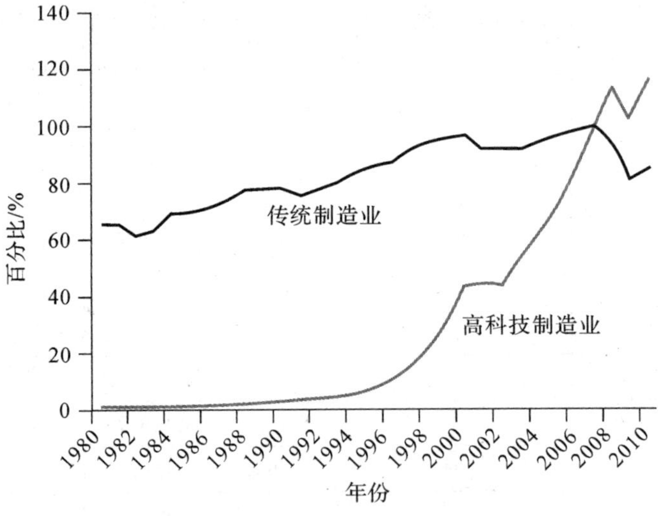

图2.2　美国高科技制造业与传统制造业发展的对比

资料来源：《美国的竞争力与创新能力》，美国商务部，2012年，第5—6页。

不出所料，新兴经济体也在采取类似的战略。一开始，它们倾向于大批量地生产复杂程度低的产品，但随后就发展出了生产更高质量产品的能力。通过比较各个国家和地区向世界出口的中高端技术产品的变化份额就可以说明这一点(见图 2.3)。

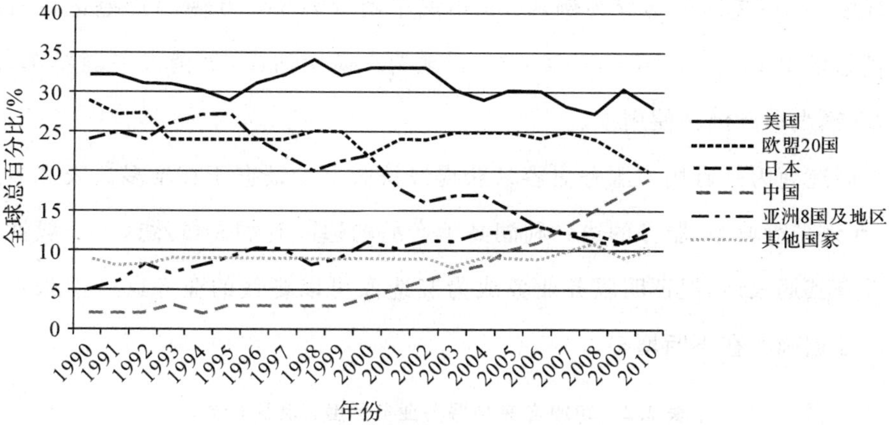

图 2.3 按国家/经济体分列的高技术制造业增加值份额①

亚洲 8 国及地区分别为:印度、印度尼西亚、马来西亚、菲律宾、新加坡、韩国、中国台湾、泰国。

数据来源:环球通视特殊表格(2011)世界行业服务数据库。

《科学和工程学指标(2012 年)》。

1990—2010 年数据来源:https://www.nsf.gov/statistics/seind12/c0/c0s10.htm.

在新产品销售方面,一幅黯淡图景就此展现在细分公司面前,尤其是高劳动投入、长贮藏周期、易于进口的低技术含量的产品。为正面迎接这一挑战,需要采用突破性的新产品创新和激进的成本降低计划。这在一些行业是可行的。

随着低成本经济体自身富裕程度的提升,对西方具有高品牌价值的小众产品(niche product)需求量随之增加,许多新的销售机会也出现了。举例来说,宝马和奔驰等豪华轿车制造商就在中国市场上实现了销售量的显著增长。预计到 2015 年,中国对豪华轿车的需求量将会上升到 80 万辆。② 而对没有强

① 本图的英文版为 1995—2007 年数据,中文版根据相关资料扩展为 1990—2010 年数据。——译者注

② http://www.etftrends.com-07/consumer-etfs-going-global-find-strength/referenced in BIS Economics Paper ioA(op cit).

烈品牌效应的产品,情况更引人注目。

探索服务和二级市场则是另一种战略选择。机会的大小取决于安装基础的规模。① 以美国的情况为例,2009 年汽车销量为 540 万辆,②而登记在册的车辆总量为 13490 万辆③——1∶25 的比例。换句话说,每销售一辆新车,就有 25 辆汽车已经在使用了。

制造商为已有用户服务更容易获得经济收益的证据正在增多。表 2.2 表明,在许多行业中,服务的边际利润高于产品的边际利润。虽然这类一般性的统计有其局限性,但证明服务业务成为制造商可以赚钱的业务这一主张正确性的证据确实在不断增多。

表 2.2 2010 年来自服务业务的潜在利润机会

行业	产品制造的边际利润	服务的边际利润	服务/产品的边际利润比
造纸机	3.4%	13.1%	3.9
电力装备	7%	9.9%	1.4
乐器	4.9%	12.3%	2.5
机床	5.3%	8.9%	1.7
铁轨	6.3%	12.6%	2.0

来源:http://money.cnn.com/magazines/forune/fortune500/2009/performers/industries/profits/,2010 年 1 月 10 日。

近期,英国的一项研究表明,在服务化制造商中,大部分业务(将近 60%)的销售收入在过去 5 年中都出现了增长。实际上,有 24%的被调查企业反映,其销售收

① 安装基础(installed base)指网络效应产业中已有用户的数量,它会对潜在用户决定是否加入该网络(即购买该产品)产生影响,因为更大的安装基础往往意味着更便利的供应和服务、更多的辅助产品甚至更广泛的用户连接(如通信网络标准)等。——译者注

② 美国运输局(US Bureau of Transportation),国家运输统计(National Transportation Statistics),http://www.bts.gov/publications/national_transportation_statistics,2011 年 1 月 11 日。

③ 美国运输局(US Bureau of Transportation),国家运输统计(National Transportation Statistics),http://www.bts.gov/publications/state_transportation_statistics/ state_transportation_statistics_ 2010/html/fast_facts.html,2012 年 1 月 11 日。

入增长率达到25%～50%。[①] 美国、芬兰和新加坡也都出现了类似的情况。

服务化并不是灵丹妙药，利润率也不会自动提升。一切都要看所提供服务的种类、产品与服务的互补程度以及制造商所具备的传递这些服务的能力。在之后的章节中，我们将深入探讨这些主题。

通过以上分析我们可以看到，尤其对西方经济体来说，它们一方面面临着新产品销售额不断降低、产品间竞争日趋激烈的趋势；另一方面，也存在产品的用户安装基础很高(即转换的成本很高)，且为这些产品提供服务的潜在利润率非常可观的经济前景。因此，我们大力倡议发达国家的政策制定者们促进制造商们向服务化转型。

2.2　环境视角

在我们刚开始这项研究的时候，学术界在追求制造服务化原因的问题上已主要划分出了两派观点。第一派学者主要来自美国，其主要观点我们已经在第一节中进行了讨论，即制造服务化的目的是为了追求现在的经济效益。第二派是产品—服务系统派，主要代表人物来自斯堪的纳维亚半岛，他们认为制造服务化有助于环境的可持续发展。

对环境问题的争论主要基于这样一个假设，即当前的人类行为是不可持续的。当前的全球环境主要有以下三个关键趋势：

- 人口过剩以及人口的持续增长，尤其是在发展中国家。
- 资源开发的速度加快，导致资源短缺问题加剧，环境污染的程度加深。[②]

---

① Barclays Corporate, Servitization and the Future of UK Manufacturing: The Power to Help You Succeed(September 2011).

② 如铜、铂，引自《科学的美国人》(*Scientific American*)中的一篇文章：*Measure of Metal Supply Finds Future Shortage*，David Biello，2006年1月17日；彭博社(2011)的新闻——http://www.bloomberg.com/news/2011-09-05/copper-may-have-shortage-for-third-year-on-china-demand-pan-pacifc-says.html.

• 在欠发达国家，亟须减少贫困，提升生活水平。

联合国世界人口增长情况预测如表 2.3 所示。如果仔细思考表中预期的人口增长情况，不难看出以上挑战的严峻性。到 2030 年，全球的人口数量将达到 87 亿人，而在 2010 年，这一数字还只是 69 亿。人口的快速增长，伴随着发展中国家人民生活水平的提升，将极大带动对能源的需求。

表 2.3　人口的增长情况（以稳定的出生率估计的人口数量）①

单位：百万人

国家	2010 年	2030 年
美国	310	361
英国	62	69
德国	82	77
法国	62	68
巴西	194	227
印度	1224	1610
中国	1341	1407
全世界	6895.9	8700.3

资料来源：联合国。

图 2.4 描述了全球的能源需求预测。从 2010 年到 2035 年，能源需求将增长 1/3，其中，中国和印度将贡献其中 50%的增长量②——因为就目前的情况来看，全球还有大约 20 亿人用不上电。到 2035 年，中国的能耗需求将比美国高出 70%。即使到那个时候，中国的人均能耗仍然不到美国的一半。而可以预见的是，印度、印度尼西亚、巴西和中东地区的能源消耗增长速度会超过中国。

① http://data.un.org/Data.aspx? d=PopDiv&f=variableID%3a12，2010 年 1 月 10 日。

② 资料来源：国际能源机构. 世界能源展望 2011——报告和情况说明，http://www.worldenergyoutlook.org/docs/ weo2011/homepage/WEO2011_Press_Launch_London.pdf.

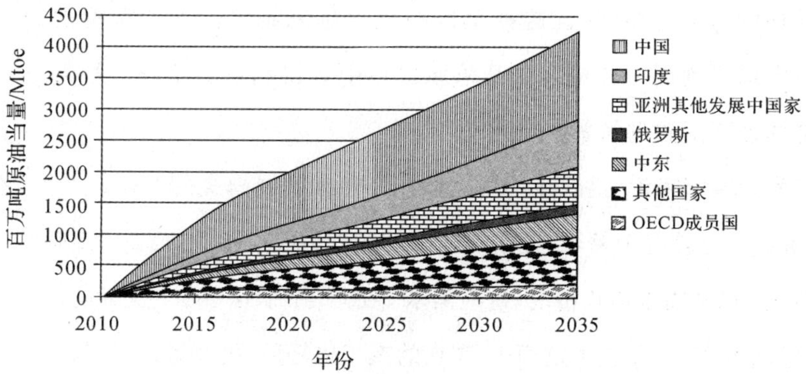

图 2.4　全球能源需求预测

注：Mtoe＝百万吨原油当量。

在同一时期，与能源相关的二氧化碳排放量也将增加 20%。二氧化碳的排放增速主要取决于立法机关出台与各行业相关法律法规的速度。图 2.5 说明了采取行动所需花费的时间越长，那么在规制出台前，电力公司、工厂、建筑物等主体的二氧化碳排放量就会越大，并大大超出行业标准。这无疑会加剧全球变暖的程度。

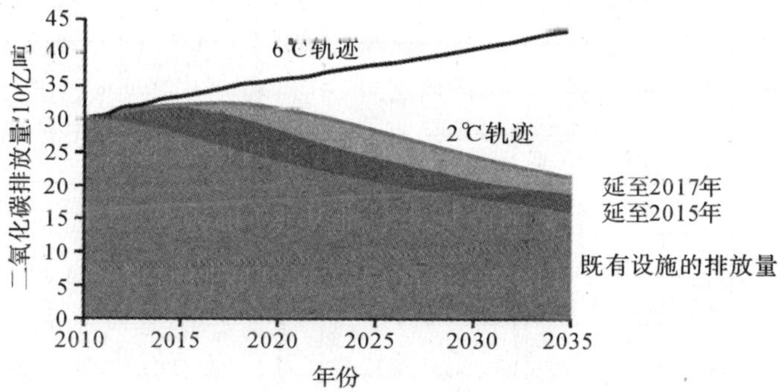

图 2.5　二氧化碳排放量和全球变暖的预测

资料来源：国际能源机构，2011。

注：6℃/2℃轨迹是指到 2035 年全球变暖的最坏情况/最佳情况。

对资源的过度需求来自于对消费的需求。我们对财富、生活方式、个人发展和经济前景的判断，都是基于对非可再生能源和自然资源的过度利用之上的。

斯堪的纳维亚派学者强调，人们对短期内经济增长和个人幸福的追求是以牺牲环境为代价的,并且这种交换的成本越来越大。该学派特别指出了现在发展中国家利用一切机会从开采原材料中获得利益而不顾环境问题。这些行为都加速了对这些资源的破坏性开发。

对发达国家来说,挑战在于树立节能环保型发展模式的榜样。然而,不幸的是,消费需求涵盖各个领域,且需求量基本都持增长趋势。表 2.4 反映的是美国人对部分产品的需求增长情况,这些需求导致了所有不可再生资源的消耗。举个例子,与 20 世纪 70 年代中期相比,现在的汽车更轻便、更节省能耗,每公里排放的污染气体也更少了。但是,由于汽车数量的增加,这些技术进步所带来的环保效果都被抵消了。在当代社会的二氧化碳排放总量中,交通运输领域占到了 70%。

表 2.4　美国的耐用消费品拥有情况

单位:10 亿美元

耐用消费品品类	序号	1997	1998	1999	2000	2001	2002	2003	2004	2005	2006	2007	2008	2009	2010
耐用消费品	1	2720.9	2837.0	2996.2	3196.0	3359.4	3524.7	3682.0	3894.1	4098.0	4293.6	4468.3	4566.8	4571.6	4581.8
汽车及零配件	2	870.9	917.1	980.2	1041.5	1105.2	1162.0	1210.4	1268.4	1302.1	1305.9	1317.5	1260.5	1274.2	1262.6
汽车	3	500.2	505.2	518.2	536.2	547.8	547.6	540.8	544.9	553.9	557.0	552.0	540.3	532.2	511.8
轻型卡车	4	362.2	403.2	452.9	495.9	548.0	604.9	660.0	713.6	737.7	737.9	754.1	708.6	731.0	739.6
汽车部件及附件	5	8.5	8.7	9.0	9.4	9.4	9.5	9.5	9.9	10.4	11.0	11.4	11.6	11.0	11.2
家具及家居耐用品	6	845.6	882.2	923.0	977.4	1015.8	1062.2	1100.7	1170.4	1242.4	1317.1	1364.7	1414.7	1396.6	1372.6
家具与家饰[1]	7	517.7	544.2	569.8	604.6	624.3	655.1	678.1	718.5	760.6	806.6	830.2	859.0	850.9	834.3
家用电器[2]	8	145.8	147.9	153.4	159.4	168.8	175.0	177.8	186.9	204.7	221.7	231.5	242.4	234.7	227.3
玻璃餐具[3]	9	117.7	124.5	130.0	139.4	145.7	152.6	161.5	174.3	179.3	184.8	196.1	203.4	202.7	202.6
家庭、园艺工具	10	64.4	65.6	69.8	74.0	77.0	79.5	83.3	90.7	97.9	104.0	107.0	109.9	108.3	108.4

续表

耐用消费品品类	序号	1997	1998	1999	2000	2001	2002	2003	2004	2005	2006	2007	2008	2009	2010
娱乐产品及汽车	11	602.3	631.7	668.8	727.8	771.7	820.3	867.7	923.8	985.9	1033.6	1086.4	1136.8	1119.9	1125.3
视频、音频、摄影及信息处理设备与媒体	12	272.0	283.4	300.8	328.9	345.0	367.8	388.2	417.4	445.8	462.9	489.7	502.2	489.9	501.1
运动装备，枪支及弹药	13	128.3	130.9	135.3	146.3	156.4	167.4	181.7	190.8	204.5	217.3	230.0	256.3	255.1	253.0
运动及娱乐车辆[4]	14	104.8	113.1	122.9	34.3	141.9	148.7	156.0	167.3	182.7	194.4	200.9	205.4	200.4	195.3
娱乐书籍	15	84.6	91.0	95.4	102.2	110.6	117.5	121.8	127.0	131.0	136.2	142.4	148.6	150.0	151.8
乐器	16	12.6	13.4	14.4	16.2	17.7	19.0	19.9	21.2	22.0	22.9	23.5	24.4	24.6	24.1
其他耐用品	17	402.1	405.9	424.2	449.4	466.9	480.2	503.3	531.5	567.6	636.9	699.8	754.7	780.9	821.3
珠宝和手表	18	191.6	195.3	205.4	219.2	226.5	230.3	239.3	254.1	268.7	301.8	330.7	355.9	360.1	382.0
治疗器具与装备	19	70.8	75.9	82.1	88.7	92.8	96.3	101.9	108.5	117.1	125.0	134.6	141.1	146.5	153.7
教育书籍	20	40.1	42.7	45.0	48.8	52.2	55.7	58.6	61.0	64.8	69.6	74.9	79.4	82.9	84.2
行李及类似的个人用品	21	83.1	76.0	75.6	75.9	77.4	79.0	82.9	84.3	90.6	110.2	123.8	136.8	145.6	151.9
电话及传真设备	22	16.4	16.2	16.1	16.8	17.9	18.9	20.6	23.6	26.4	30.3	35.7	41.5	45.9	49.5

资料来源：http://numbrary.com/sources/d79390ddbf-table-13-current-net，2010年1月10日。

注：1.包括家具、钟表、灯具、照明设备和其他家庭装饰物品，地毯和其他地板覆盖物，窗户外层与装饰等。

2.包括主要的家用器械和小型家用电器，但嵌入在家庭硬装修中的设备不包含在内，而属于住房结构的一部分。

3.包括碗碟、刀叉匙等扁平的餐具，以及不用电的炊具和餐具。

4.包括摩托车、自行车及其配件，娱乐船只、飞机和其他休闲车。

为了解决这些问题,很多人也想出了不少概念。一些人倡导自然主义的方法(naturalistic approaches),另一些人则建议对现有经济和生态效益进行去物质化(dematerialization of present economies and eco-efficiency)。生态效益在很大程度上是基于以下前提的一种技术解决方案:如果社会运行的效率能够得到提升,那么社会可以在很大程度上继续过去的模式。去物质化指的是服务社会正常功能所需原材料数量在绝对值或相对值上的减少。

制造服务化无疑有助于去物质化。制造服务化鼓励制造商对产品负责,并直接鼓励回收、循环利用和翻新等服务。这样做的结果是,通过采用技术知识减少了能源和原材料的使用,获得了同样的“产出”,从而降低成本消耗和对环境的影响。施乐公司的实践很好地说明了这一点。通过管理良好的打印服务,施乐公司已经帮助菲亚特集团减少了大约30%的打印操作成本,同时,节省了50%的能耗,从而助力菲亚特集团的可持续发展计划。

因此,绿色绩效本身对相关企业或组织来说非常有价值。长期而言,追求环境友好型和道德友好型战略的公司更有可能在世界范围内获得重要的战略机会。希望借助这些绿色绩效获取竞争优势的公司面临着非常多的机会。而随着社会越来越关注环境问题,大胆追求绿色战略的公司极有可能在新产品和业务机会的发展过程中成为领导者,并获得良好的发展潜力。

2.3 市场和社会视角

虽然制造服务化对经济发展和自然环境都大有裨益,但这是否意味着消费者为了享受服务就会心甘情愿地放弃对有形产品的占有或所有权的拥有?

作为社会中人,我们似乎具有强烈的拥有、支配和消费的欲望。所有权提供给人们的效用比单纯消费某一个特定产品要高。所有权是人的一种身份象征,是其价值观的展现,甚至可以是区别他是否已经迈入某个特定群体行列的条件,或有资格享受某一特定生活方式的标志。同样的,人们只要对产品具有所有权，就意味着他们被赋予了随心所欲地处置或消费该产品的权力。对某些人而言，所有权能够弥补他们内在的信心不足问题。因为在积累和使用产品的过程中，他们会感受到自己对所在环境的控制能力在提升，同时增强了对其权力变大的感知能力。

人们对多多益善地拥有物品的冲动导致了过度消费趋势的到来。人们的需求和欲望已经逐步变得模糊不清，而广告和传媒正在加剧这一状况。随之而来的部分结果是市场需求开始转向了便宜但不耐用的产品，一次性使用的产品渐渐被人们接受，而使用二手产品、对产品进行维修，以及节俭等行为已经不再被视为美德。

日益提升的制造业生产率和不断降低的制造成本以及从新兴经济体涌入的大量廉价商品对过度消费起着推波助澜的作用。举一个典型的例子：在英国，从2001年开始，每年鞋类及服装的销售增长率都很高，有时高达12%。然而，从2003年到2007年，这些商品的平均价格已经下跌了10%，且呈现继续下跌的态势。简而言之，我们购买得更多了，但支出却变少了。①

所有权需求的增加对一些类别的服务会产生不利影响。当产品所有权需求上升时，对产品的租赁需求和维修需求就会相应减少，特别是对直销行业中的低技术、低风险产品更是如此。而且，相较于过去，很多产品的质量都越来越牢靠了，需要的维护更少了。最后，一些传统的大规模服务（collective serviccs）也得到了个人所有省力设备的补充与辅助，这方面的典型例子有从洗衣店到洗衣机、从电影到电视，以及从火车到小轿车等方面所发生的变化。另一方面，随着经济的发展，基于数字技术的创新服务正变得越来越重要。通信手段的改进实现了数据快速传输，在电话银行和网上银行等诸多领域创造了新的服务创新机会。此外，制造商提供的服务并不一定都是新的创新性服务。通常情况下，它们的竞争对手（通过纯服务提供商）或客户自己（通过自己

① *Sunday Observer*，2011年5月8日。

的操作)已经提供了这些服务。

事实上,一个经济体的服务业发展程度与财富创造息息相关。图 2.6 展现了欧洲各国人均国内生产总值和商业服务就业人数占比之间的关系。这表明随着一个经济体的商业服务业发展,人均收入会增长,两者之间存在可能的因果关系。该证据不仅凸显了发达经济体的服务商机,同时也有助于解释为什么不发达经济体会希望发展服务业。

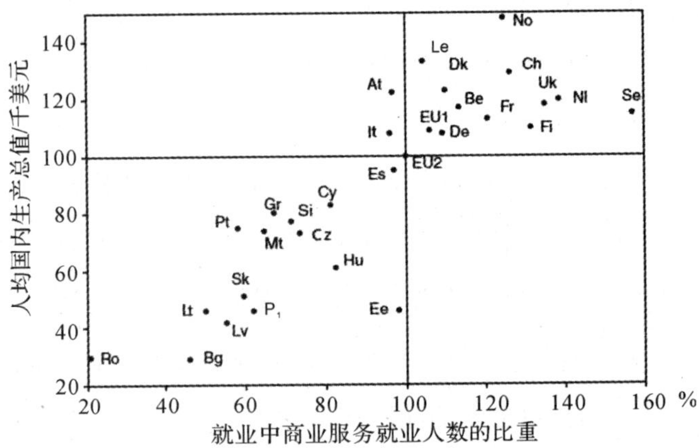

图 2.6 人均国内生产总值与总就业中商业服务的比重之间的相关性

资料来源:ECORYS Research & Consulting,2008。

注:At——奥地利(Austria);Be——比利时(Belgium);Bg——保加利亚(Bulgaria);Ch——瑞士(Switzerland);Cy——塞浦路斯(Cyprus);Cz——捷克(Czech);De——德国(Germany);Dk——丹麦(Denmark);Ee——爱沙尼亚(Estonia);Es——西班牙(Spain);EU1 是欧洲 15 个国家的均值;EU2 是欧洲国家的均值;Fi——芬兰(Finland);Fr——法国(France);Gr——希腊(Greece);Hu——匈牙利(Hungary);It——意大利(Italy);Le——黎巴嫩(Lebanon);Lt——立陶宛(Lithuania);Lv——拉脱维亚(Latvia);Mt——马耳他(Malta);Nl——荷兰(Netherlands);No——挪威(Norway);Pl——波兰(Poland);Pt——葡萄牙(Portugal);Ro——罗马尼亚(Romania);Se——瑞典(Sweden);Si——斯洛文尼亚(Slovenia);Sk——斯洛伐克(Slovakia);Uk——英国(United Kingdom)

以上一切都表明,产品和服务之间并非始终存在着竞争关系。尽管人们对所有权的渴望的确对一些服务业产生了不利影响,但这也给其他服务业带来新的发展机会。最有说服力的是,发达经济体都是服务主导型的事实表明服务市场是极为重要的。不管怎么样,整个社会正在以各种方式增加对服务的需求。

2.4 技术创新视角

到目前为止,我们已经探讨了"拉动"服务发展的因素。这些经济、环境、市场和社会因素都表明了传统制造商提供服务的可能性。在本节和接下来的一节,我们从"推动"的视角,探讨技术和知识的发展,这些配备的技术和知识能帮助制造商充分抓住服务化的机会。

信息技术是制造服务化的主要推动因素。领先的制造商正在开发重要的信息技术功能。通过该功能,制造商可以获知产品"可视化"方面的信息,特别是产品安装位置该如何设定、产品该如何使用以及它们存在的状况和性能(我们将在第 8 章中详细探讨这类系统)。

在这里,我们简单地概述信息技术世界正在如何迅速演变。在这样做的过程中,我们描述了已经被制造商频繁应用的与制造服务化相关的信息技术能力,特别是与计算机化的生产计划系统运作过程并不太相似的技术知识递增能力。在很大程度上,制造商只是简单地将信息技术网络延展到它们的产品上,目的是监控产品如何使用以及性能如何。复杂服务往往需要借助信息技术来检测(sense)产品。这些检测和监控参数的变化也能够反映出服务的提供形式。例如,一份用来证明劳斯莱斯飞机发动机可靠性的服务合同可能需要轴承的振动数据,而另一份关注德国曼集团卡车节能状况的合同可能需要燃油泵的运行数据。这种遥感技术的应用范例是全球导航卫星系统(GNSS)广为便捷的使用。该类系统可被用于诸如卡车、客车、警车、出租车等车辆的定位,其目的是优化资源管理,减少旅行时间,提高安全性,降低燃油消耗。2009 年,在北美地区配备车队管理和车辆跟踪系统的车辆数目是 600 万辆,在欧盟地区该数目约为500万辆。在欧盟,近30%的道路车辆上装有全球导航卫星系统设备,而在全球这一比例为22%。

图2.7显示了世界范围内全球导航卫星系统技术的使用比例数据。过去五年,全球导航卫星系统技术年平均增长速度已超过60%,其中,大部分集中在欧洲和北美,而这恰恰也是制造商正致力于开展制造服务化的地区。这些地区使用全球导航卫星系统技术的收费价格也大幅下降,在2009年的收费已经低于500欧元,且使用价格将继续下降。

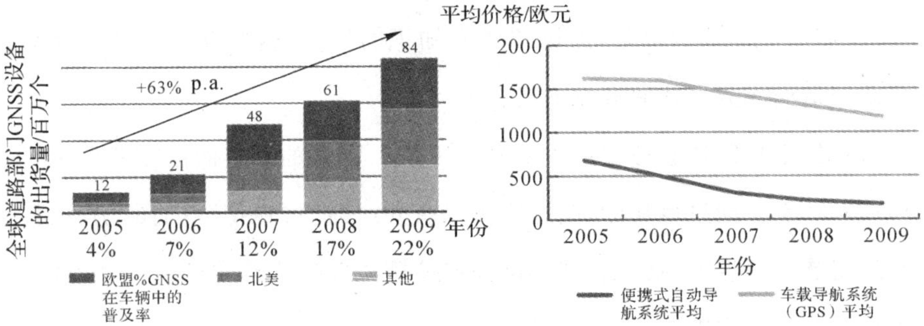

图2.7 信息技术能力的可得性:GNSS的应用范围及价格

资料来源:欧洲GNSS机构,*Indicating the Accessibility of ICT Capabilities: Availability and Pricing of GNSS*,www.gsa.europa.eu,2010.

此外,与复杂服务相关的信息技术能力经常包括应用各种各样的微处理器技术。这些微处理器技术可能内嵌于车载传感器,可以用于本地化分析、故障记录,以及更为简单便捷地采集、传输和存储产品的数据。同样地,它们也便于制造商分析一些数据,然后将之转变为能更有效地提供服务的信息。

并且,由于使用微处理器技术的性价比也越来越高,因此其展现出了巨大的吸引力。图2.8用摩尔定律表明了对微处理器技术购买能力的逐渐提高。有趣的是,能描述上述规律的类似图形在20世纪90年代和21世纪初就已经比较容易获取,但近几年的图形却并非如此。为什么会这样呢?主要原因在于现在使用这些技术的成本已经今非昔比,不再成为使用者的障碍。

图2.7和图2.8所列举的两项技术也仅仅是信息技术越来越被普遍接受

和广泛使用的部分例子。其实，我们还可以给出更多的关于信息处理速度和互联网渗透到工作场合的例子。所有例子都展现了一个简单的事实：信息技术已经广泛存在，可以供相关主体使用，而且使用者也负担得起。

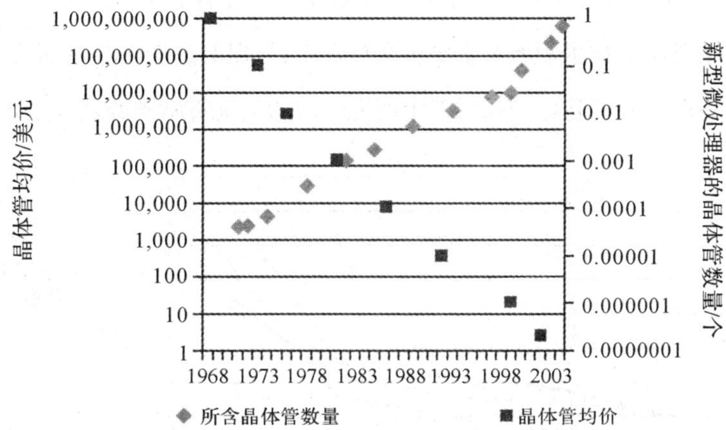

图 2.8 摩尔定律和强大计算的可能性

资料来源：Intel/BERRY Economics Paper 2，2008.

2.5 知识视角

近年来，制造服务化在理论知识上有了很大的进展。尽管对制造服务化和相关主题的研究仍需加强和深入，但是在实务界制造商对相关理论研究的迫切需要下，目前已经形成了大量相关研究理论。在这个部分，我们将审视制造服务化的理论基础。

在该领域中，比较活跃的五个研究方向分别是：

- 服务营销
- 服务管理
- 运作管理
- 产品—服务系统
- 服务科学

尽管这些研究方向能各自独立形成体系,但是从总体上看已经跨越了工程技术学科和管理学科。在期刊上发表的五个研究方向的文章数量展现了它们各自的热度。图 2.9 和表 2.5 是各个研究方向发表论文的数量,显示出从 20 世纪 60 年代至今,相关研究成果已经出现了显著增长。整体而言,制造服务化的研究相对不足,精益制造技术领域有着更多文章发表量,但制造服务化的研究基础仍在快速扩大。在此,我们将仔细探讨五个研究方向的关键贡献来源及其主要观点。

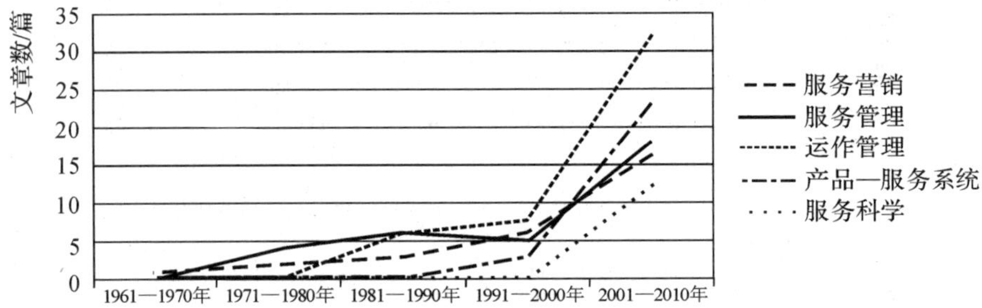

图 2.9　促进知识服务化的研究成果的增长

表 2.5　促进知识服务化的研究成果的数量

五个研究方向	1961—1970 年	1971—1980 年	1981—1990 年	1991—2000 年	2001—2010 年
---服务营销	1	2	3	6	16
——服务管理	0	4	6	5	18
········运作管理	0	0	6	8	32
-·-·-产品—服务系统	0	0	0	3	23
····服务科学	0	0	0	0	12

2.5.1　服务营销学派

服务营销是传统营销门类中的一个分支,其研究焦点已经从商品的交易和配送转变到服务提供过程中的客户关系管理。如《市场营销学报》(*Journal of Marketing*)于 1936 年创立发行,在第一期中,霍华德·泰勒(Howard Taylor)发表了一篇综述性的论文,将营销研究关注点聚焦在商品的交易和配送上。直到 20 世纪 70 年代末，格林·肖斯塔克(Glynne Shostack)才提出并确认了服务营销有别于产品营销的观点。

最初的一些观点认为，商品的营销与服务的营销并不相同；服务具有 IHIP 特征，即它是无形的(intangible)、异质的(heterogeneous)、不可存储(inseparable)且易消逝(perishable)的。然而在 21 世纪初，这种观点受到了质疑。克里斯·拉夫洛克(Chris Lovelock)和埃弗尔特·顾木森(Evert Gummesson)等发现服务特征的 IHIP 描述法是有缺陷的，他们指出，在服务交易中，并非是将服务的所有权从卖方转移到买方，这是服务交易有别于产品交易最根本的特征。此外，服务所提供并产生的效用并不是简单地以所有权让渡而是以接触或临时占有形式实现的。同时，史蒂夫·瓦戈(Steve Vargo)和鲍伯·勒斯克(Bob Lusch)提出了以服务为中心的新思维方式。他们引入了价值是与客户共同创造而不是嵌入在产成品中的观念。这种服务主导(Service-Dominant Logic, SDL)的营销范式认为，所有的市场营销研究与实践都必须打破以制造业为基础的产品交易的范式。尽管并不是所有营销专业人士都会接受这种观点，但它显然是有别于 20 世纪 30 年代营销认知的另一个视角。

2.5.2 服务管理学派

服务管理研究者很大程度上来自于主流的运营和战略领域，他们往往把研究重点放在提供服务业务的组织及其行业上。

在 20 世纪 60 年代末，他们都认识到了服务业对许多国家经济发展的重要性。一个重要的里程碑是 1976 年西奥多·莱维特(Theodore Levitt)撰写了一篇题为“服务产业化”(*The Industrialisation of Services*)的论文，指出工业化国家的服务业已经历近 3/4 个世纪的增长。同时，厄尔·萨塞(Earl Sasser)提出，即时性(immediacy)是服务业不同于制造业的原因。

服务管理在 20 世纪 80 年代期间就确立了自己的身份。迪克·蔡斯(Dick Chase)和大卫·加尔文(David Garvin)等学者引入了“服务工厂”概念，其贡献是有助于建立有别于那些传统制造业但适合于服务提供的运作体系。这一论点至今仍然成立。2007 年,贾内尔·海内克(Janelle Heineke)和马克·戴维斯(Mark Davis)指出,把工业生产运作管理的概念直接运用于服务提供的管理是有一定的局限性的。

我们的研究清楚地支持这一观点。正如本书后面的章节所证明的,制造服务化的生产运作与产品的生产运作存在着显著区别。

2.5.3 运作管理学派

运作管理学派中的大量学者将研究重点放在了如何协助制造商通过提供服务来参与市场竞争。这方面研究最初的主要阵地是 20 世纪 80 年代末的北美地区。桑德拉·范德美(Sandra Vandermerwe)、胡安·拉达(Juan Rada)、理查德·怀斯(Richard Wise)和彼特·鲍姆加特纳(Peter Baumgartner)等学者引入了制造服务化动机的研究,制造服务化潜在的动因在于开展服务业务是制造商的关键机遇,它们可以通过提供服务来获利,以及通过开展与下游客户相关的业务活动实现价值增值。

自那时以来,越来越多的文章致力于解决制造业的服务化问题,并主要聚焦在以产品为中心的各类服务。这些制造业产品本身就涵盖了一系列综合服务的提供(例如维护、修复、支持、设备可用性和能力提供服务)。经常举的例子包括施乐公司从打印机和复印机的制造商转变为文档管理服务的提供商,以及提供民用航空航天全方位服务的劳斯莱斯公司。

近几年来,英国的研究人员进一步推动了我们对制造服务化的理解。如安迪·尼利(Andy Neely)的成果使得我们能更好地理解服务业发展与经济绩效之间的关系。邓肯·麦克法兰(Duncan McFarlane)和艾琳·吴(Irene Ng)牵头的来自剑桥大学的团队致力于研究制造业中服务提供网络的复杂性。克兰菲尔德大学的马克·约翰逊(Mark Johnson),拉杰什·罗伊(Raj Roy),史蒂夫·埃文斯(Steve Evans)和他们同事所做的研究,则旨在协助制造商设计和管理产品—服务系统。马丁·斯普林(Martin Spring),克里斯·沃斯(Chris Voss)和韦罗妮卡·马丁内斯(Veronica Martinez)等高级管理学院(Advanced Institute of Management)的学者在该领域也做出了重要贡献。

2.5.4 产品—服务系统学派

产品—服务系统学派在很大程度上起源于斯堪的纳维亚半岛和欧洲北部,是一个相对新兴的群体,其研究致力于改善社会、经济、环境和产业的可持续发展。

产品—服务系统的奠基性工作包括马克·格德库普(Mark Goedkoop)在1999年所做的基于生态和经济基础的报告(受荷兰的VROM和EZ公司委托),以及奥克萨娜·孟将(Oksana Mont)于2000年提出的报告(由瑞典废弃物研究理事会赞助)。

自那时以来,人们研究出不少有助于组织采纳产品—服务系统的模型和工具。一些例子包括可以在阿诺德·图克(Arnold Tukker)和厄休拉·蒂施勒(Ursula Tischner)编辑的主要探讨产品—服务发展、竞争力和可持续性的出版物《老欧洲的新业务》(*New Business for Old Europe*)中找到,如产品—服务谱分析和产品—服务开发工具包。

学术文献中可以找到更多各种各样的PSS案例。其中,一些文献探析的虽然是PSS的经济效益,但更多地倾向于强调PSS产生的环境和社会效益。工业PSS(IPS2)是PSS体系下正在发展中的一个分支,聚焦于提出企业间(B2B)的解决方案。虽然该领域是从几个无关的研究流派中发展而来的,研究的出发点也各不相同,但是制造服务化和PSS社区在概念上存在着明显的共同之处。

2.5.5 服务科学学派

服务科学在很大程度上是从信息系统演变而来,服务科学学派是个相对较新的群体,主要是通过跨学科研究来促使人们更好地理解复杂服务系统。服务系统被认为是人员、技术和商业等一系列活动的结合,它主要是由国际商业机器公司(IBM)倡导的。因此,服务系统可从计算机科学、工程学、认知科学、经济学、组织行为学、人力资源管理、市场营销学、运筹学等广泛的学科中汲取思想观念。

服务科学已经成为快速发展的研究主题。2009年召开的首届服务科学国际研讨会从学术和实践的角度提出了各种研究议题,其中包括服务系统建模、服务和以客户为导向的关系、服务工程、服务主导型软件结构和混合产品与服务。

2.5.6 基础知识小结

以上我们对五个学派的总结只是这些研究方向发展的概述。表2.6简要罗列了这些学派对加深我们理解制造服务化的贡献。

表2.6 制造服务化知识视角下各学派的主要贡献

学派	主要贡献
服务营销	价值并非嵌入在产品中,而是由制造商与客户共同创造而来
服务管理	服务提供的运作不同于制造业的生产运作
运作管理	通过组织结构、原则和流程的构建,可以提供有效果和有效率的、以产品为中心的服务
产品—服务系统	以产品为中心的服务具有创造可持续发展的商业模式和减少材料与能源使用对环境影响的潜力
服务科学	把服务看成是一个涵盖人员、技术和商业等各个部门的系统

该领域的研究仍将继续。虽然图2.9显示出近年来制造服务化研究成果增长迅速,但是这样的研究热度在未来的持续性上仍存在一定的不确定性。随着学者们将研究焦点放在了新开辟的方向上而使某些领域的研究热情有所下降,但是在另外一些领域的研究活动却在增强。新兴的学派正在产生,并且

它们与现有学派的联系正在加强。其中，技术学派表现得尤为出众。

在较长时间里，状态监测和远程产品传感技术已经成为研究的热门主题，但是现在更多的兴趣开始聚焦在这些技术对制造业服务化的支持作用上，特定的主题包括交通工具的可靠性综合管理(Integrated Vehicle Health Management，IVHM)、故障预测与可靠性管理(Prognostics and Health Management，PHM)方法，以及各种情形下的维修保养 (Condition-based Maintenance，CBM)。

对于研究者而言，供应链、纵向一体化和外包之间的关系也越来越清晰。事实上，罗杰(Roger Schmener)等研究者认为制造服务化只是纵向一体化和外包的特例，他们看到了制造商正在向供应链远端延伸的趋势，并成为客户外包关系中的供应商。

2.6　本章小结

创新是市场拉动和技术推动共同作用的结果。在这一章中，我们研究了制造服务化情境的五类影响因素及其对制造服务化的作用。整个研究领域是广泛而复杂的。一些制造商通过产品的创新、成本大幅度削减方案的实施和国际供应链的利用，比较容易取得制造服务化的成功。而一些支持制造服务化的论点也很具有说服力。

制造服务化有利于经济的可持续发展。产品制造业正在从西方工业化国家转移出来。在来自低成本经济体的激烈竞争日益加剧的情况下，虽然西方国家的劳动生产率只在经济因素中占了很小的比重，但其上升速度正在加快。在这两种作用的情况下，服务就成为一种可替代产品生产的经济发展战略。服务和售后市场体量的大小主要表现在产品安装基础的规模上，在发达经济体，这一市场往往数倍于新产品的年度销售量。为这一安装基础提供服务的商业收益非常丰厚，其收益和边际利润可以达到产品的 2～3 倍。

制造服务化有利于环境的可持续发展。人口问题、资源利用和消耗问题已经引起全球范围内的关注。发达国家可以通过降低原材料使用及能源消耗量来树立榜样,而制造服务化就是展现这一点的一种方式。提供服务使得去物质化(减少能源及原材料的消耗)成为可能,并能对环境的可持续发展起到积极的作用。对希望借助绿色绩效实现差异化的制造商而言,提供服务为他们增加了机会与可能。

服务业务的市场和社会需求非常强烈。产品和服务间并非必然会产生竞争;相反地,产品可以为新的服务创造平台(如苹果公司的iPad,iTunes和App Store)。而且,有不少服务原本就已经存在了,只是制造商们调整了自身的定位,从而能够提供这些服务。

制造服务化所必需的技术创新早已就绪。技术障碍通常要比预期的更低。一般来说,只需要制造商们将他们的信息技术网络延伸到产品中即可。

我们对如何通过制造服务化进行竞争的知识在不断强化。价值是与客户共同创造的,而非仅仅体现在产品本身,这一观点已得到越来越多人的认可。同时,随着社会对提供有效服务的组织结构、原则和流程的认识不断加深,服务活动和制造商的运营活动也越来越得到大家的理解。

第二部分

借助服务业务提升竞争力

在第二部分，我们主要解释制造商通过服务业务提升竞争力的意义，具体分两部分进行。

在第 3 章，我们专注于服务提供本身。首先，我们要解释为什么理解制造服务化概念会这么困难，描述制造服务化的过程并定义服务的不同形式。其次，我们关注服务中的高级服务，不仅对高级服务进行定义，还介绍了其普遍存在的特征(生命周期、风险和收益等)。该章以对高级服务的描述作为总结。

在第四章，我们关注高级服务的潜在商业启示。首先，解释了寻找可靠的成功指标的困难以及我们的搜寻过程。其次，探讨了服务、收益和利润间的关系。另外，我们也分析了作为高级服务提供商、制造商持有的除盈利外的更广泛的动机，以及客户所共享的动机。我们以提供制造服务化的全景作为本章的总结。

作为总结，这两章所展示的图景如下。

制造服务化的过程

- 当制造商发展自身能力，通过服务业务提升竞争力时，制造服务化就会发生。
- 这些制造商被认为是采用了服务引导型竞争战略。

- 一些制造商通过提供更广泛的常规(基础和中介)服务组合遵循服务引导型战略。
- 其他制造商放弃了大批量的设计和生产能力,转而成为纯服务提供商。
- 我们关注的是通过提供高级服务而采用服务引导型竞争战略的制造商。

高级服务

- 通过使用制造商的产品,客户能力得到提升。
- 制造商的竞争力从单纯基于产品的竞争力延伸到了组织结构的改变。
- 高级服务通常意味着扩展了的生命周期、责任感(同时也指风险)以及常规服务收入的增加。
- 通常来说,制造商开发这些高级服务是为了以下目标:

  (1)获得客户的付出(成本)和收益(利润)。

  (2)通过业务过程创新获得成长。

  (3)发展出将竞争对手封锁在市场外的长期客户关系。

  (4)形成稳定的现金流和收益流。
- 这些高级服务则希望通过传递高价值达到以下目的:

  (1)增加收入。

  (2)提高利润。

  (3)获得稳定的收益流。

本部分内容有助于读者准确了解高级服务到底提供些什么以及可能的业务启示。

3 制造服务化的要素

制造服务化这一概念很有意思。正如我们看到的，要让服务业务成为制造商竞争优势的主要来源，需要众多因素的共同作用。而制造服务化的挑战在于将想法付诸实践。

我们的研究从 2006 年开始，最初从一项比较研究着手。这项研究主要是通过调查尽可能多的制造商，以及查找大量学术界和技术方面有关制造服务化的文献，将传统的产品生产制造商与通过提供服务业务进行竞争的制造商进行对比。我们也对劳斯莱斯民用航空进行了深入研究，持续跟踪其"按小时提供动力"和"总代管"业务的产生和发展。我们团队全面研究了劳斯莱斯公司的服务设计和提供系统；随着研究的推进，研究内容扩展到该公司的客户和供应商，我们系统地收集了大量信息。我们的研究算是针对产品—服务系统及其相关的制造服务化过程的最综合的研究之一。

我们看到的这些差异并未立即引起注意。所有的建筑物、技术和产品都与一般的生产流程和设备一样，而在信息系统、过程指南、组织结构和人员方面，情况也是如此。只有状态监测技术以及相关的技术中心和控制室看起来有些不同。总体来说并没有发现"新大陆"。我们的挫折感来源于自己的思维模式。团队的核心成员因其善于分析、设计、运营制造工厂并有丰富的经验而被聘用。类似地，许多学术文献也将我们引向了有关产品和服务差异的哲学思辨中。总的来说，展示在我们面前的与我们的预期不符。

随后,情况变得清晰起来。生产世界与通过提供服务参与竞争的制造商活动有显著的差异。我们又花了四年时间,通过参与并研究部分提供服务业务的世界领先制造商的活动,才逐渐形成一个完整、清晰的概念,如:这些组织是怎么想的,又是如何谈论服务业务的?它们是如何着手并成功进行服务业务传递的?但这仍然是一个充满挑战的旅程。我们为什么选取了书中的这些组织?它们向客户提供的是什么形式的服务?客户从这些业务中得到了什么样的收益?在我们进一步探索之前,这些问题都需要得到解答。

在本章和后续章节中,我们对这些问题进行了回答。作为探索先驱,我们首先解释了为什么弄明白制造服务化概念会这么困难,并提供了一张路线图来导航。其次,我们展示了服务活动是如何被合理划分为三种不同类型的。之后,我们则将关注点转移到与制造服务化已有联系的高级服务上。我们深入研究了这些话题的不同特征,探求了吸引这些公司采用制造服务化的动机,并总结了相应的风险和收益。

3.1 实施制造服务化的挑战

制造服务化是制造业的一项变革。我们的研究项目旨在帮助发达国家的制造商们更好地抓住制造服务化的发展机会。通过反复拜访并访问传统制造领域的实践者,我们询问制造服务化可能会对组织带来什么样的潜在影响。

制造商一次次地要求我们解释制造服务化这一现象,描述这一趋势会对他们带来哪些影响,阐述他们能提供的服务以及能得到的回报。制造商对我们的期望很高。在项目开始之初,我们将制造服务化描述为仅仅是在产品中加入了服务。在如咨询台服务、状态监测服务及维护服务等单项服务中,我们获得了新的启示。最后,我们的描述中提及了“按使用付费”服务,如劳斯莱斯公司的“按小时提供动力”模式。我们发现,在研究之初,提议点往往会获得巨大关注,但随后制造商们的热情就会逐渐降低。

我们时常被告知，这样的模型对大多数传统的制造商来说似乎太过模糊了，或者在有些情况下与制造商并没有关系。进而，我们被要求提出更具"实践性"的建议。如果以保守的建议回应[例如进行"制造服务的设计"(design for manufacture services)]，制造商会说这太简单，已经有人做过了或这些服务的价值不大。我们还沮丧地意识到，有两个因素阻碍了我们解释制造服务化的努力——语言和思维方式。

困难的产生，一部分来源于各公司在描述服务业务时并没有共享同一种"语言"。俗语普遍存在，对独立观察者来说，参考体系(the terms of reference)好像也是不断变化且模糊的。例如有时候，在给服务确定名称时，该名称其实是与服务所涉及的某项主要"活动"相关联的，比如：

- 计划内的保养服务；
- 维修服务；
- 大修服务；
- 状态监测服务；
- 石油采样服务。

在其他场合下，服务提供指签订的协议，例如：

- 风险收益分享合同；
- 可用性合同；
- 产出合同；
- 能力合同；
- 车队管理合同。

这些用词都比较含糊，因为在服务购买中都隐含了合同约定，而每一份协议的签订都涉及一组服务活动。

而因为管理者对"服务"一词的不同用法，又加剧了用词模糊的程度。有时候，服务一词被用作名词，为活动取名(如上文所述)；在有些情形下，服务一词又被用作动词来描述绩效表现。这会使交谈难以继续下去。

显然,在谈论服务(即制造服务化)时,制造商使用的语言和术语还没有发展成熟——这也与从19世纪80年代早期开始,许多西方制造商在质量管理风潮中迷失了方向的情形类似。然而,根植在实践者们脑中的思维方式则是更为根本的问题。

制造公司中的不少高级管理者都在努力将制造服务化概念可视化。这也正是我们开始这一研究项目的初衷。正如我们自己发现的,对有着深厚生产历史和传承的企业与人员来说,情况尤为复杂。这些人的世界观或认知范式让他们认为,服务应该以一种特殊的方式表现在制造商的战略中——多少类似于在产品中增加额外的特性。另外,这些生产人员认为他们的组织与银行、旅店、医院及呼叫中心等这些纯服务提供商的组织应该是完全不同的。图3.1通过划分人员拥有服务知识的程度,说明了上述情况。

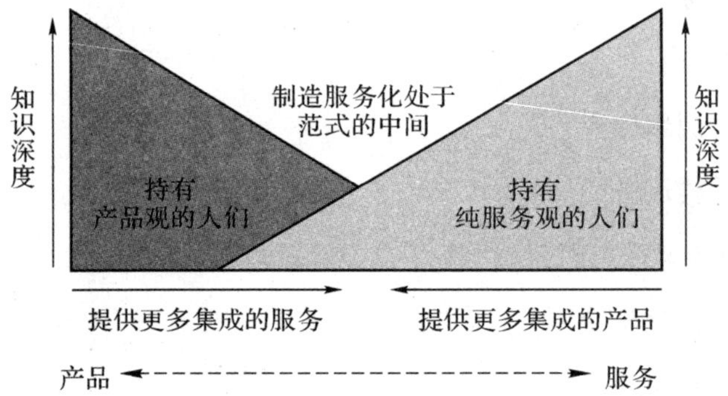

图3.1 产品和服务的世界观

传统制造业背景的人通常落在图的左边,因为他们的专业知识来源于生产系统,而服务知识很有限。他们能理解的服务是与生产有直接联系的服务。比如,装备制造商可能会探索现场安装和调试服务。他们会从每项孤立的服务中寻找价值,以此判断是否提供某项服务。

相反地,纯服务组织中的人员则站在了另一端。他们以服务系统见长,唯一能理解的生产概念是那些能轻松与服务搭上关系的部分。在与生产人员打交道时，他们会使用自己的独特术语和概念。比如，与谈论"制造运营"相比，他们更倾向于讨论服务传递系统和基于技术的商业模式。

制造服务化则位于这两种世界观之间，并同时向双边借鉴思想。一个不太好的结果是，生产系统世界的人可能较难正视野心勃勃的服务提供；相反，持有服务系统观点的人也不容易看到产品和技术竞争力的价值。

当然，这也是作为制造服务化领导者的组织必然要面对的。劳斯莱斯、卡特彼勒（及其经销商）、阿尔斯通和德国曼集团都涉足了这一中间领域。施乐公司帮助解释了所需的思维方式：它不再需要用户数或打印机用户基础的数据，而传统上，这意味着"越多越好"（事实上并不是！）。相反，施乐将自己视为专业打印服务提供商，帮助优化用户的设施以及教他们如何使用这些设施。这对传统的生产人员来说并不轻松。

随着本章的逐渐展开，我们将向读者描述提供服务化对制造商究竟意味着什么。作为对本部分内容的导航和理解制造服务化的开始，图 3.2 提供了制造服务化概念最初的路径图。

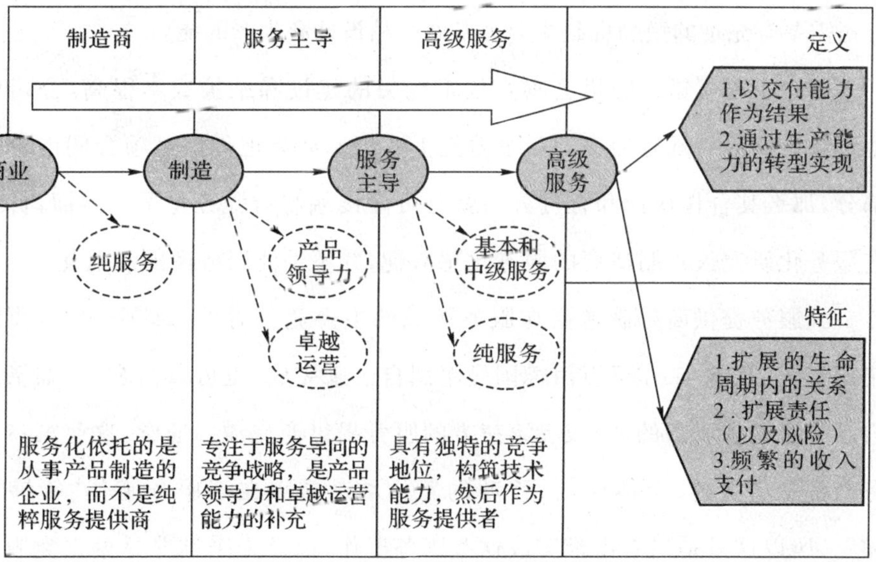

图 3.2 服务化新兴路线

3.2 制造服务化过程

一般来说,制造服务化被认为是制造商发展自身能力、以服务提供获得竞争力的过程,见图 3.2 中从左向右的变化。通常,人们会联想出一幅制造商在产品平台上增加越来越多的服务成分的画面。然而,制造服务化的意图真是这样的吗?它该如何适应其他的竞争形式?它是制造企业独有的现象吗?

制造服务化的过程提示了业务竞争方式的一种变化。目标业务本身需要先被生产出来,然后,再从原本仅有的生产过程慢慢向服务提供商的行为转变。在这里,所提供的服务不一定是全新的;其创新之处在于这是由制造商寻找出机会并提供的。

纯服务提供商也能提供同样的服务。它们也可以扩展自身设计、建造的能力,更新现有的产品及部件。这是服务的产品化过程,也是比较少见的。在研究过程中,我们偶然地与优尼派特和温坎特公司(两家都是大型物流公司)聊到了这一战略。尽管这是一个选项,但毫无疑问技术能力并没有受到重视;这些公司需要有充足的激励机制才会去发展产品设计和生产的能力。

这是个不可错过的机会吗?技术能力的建设和维护成本很高,公司往往也不认为其能与现有的核心竞争力完美匹配。如果他们是某项合同内容的一部分,那么其合作伙伴和合资公司就有可能接触制造服务化了。然而,目前制造服务化研究仅对制造商的服务化感兴趣,并不关注服务商的制造化。

纯服务提供商是制造商在服务领域的主要竞争对手。举个例子,德国曼集团卡车的维护工作可以由德国曼集团自己来完成,也可以由客户(如果他们自己有工具和设备的话)或者第三方的服务提供商完成。通常,这些第三方服务商都是小型的、个体化的、移动的工作坊。重点在于服务工作"能够被落实"。所以这只是当下由谁完成这些服务工作,以及未来谁又是做这类服务工作的最佳人选的问题。

迈克尔·特瑞西(Michael Treacy)和弗雷德·维尔斯马(Fred Wiersema)根据对价值原理的研究,提出制造业务本身有许多竞争战略可供选用。他们发现一些制造商是通过产品的领先而获得成功和市场领导者地位的,因此在产品相关创新方面投入巨资;部分制造商专注于把握运作流程,通过生产成本最小化获得成功;还有部分制造商专注于和客户的亲密关系,与客户企业建立了紧密的关系和纽带。

客户关系巩固了我们所说的服务领导型竞争战略。与提供独特的产品性能或独一无二的低产品价格相比,通过融入产品中的独特服务,制造商一样能够获得市场领先地位。这并不是说产品性能和生产效率不再重要了,而是说与服务提供相比较,其重要程度没有那么高。服务从来都不是性能很差的产品的替代品,没有一位客户或一家制造商可以凭低性能的产品生存下去。

制造商可以遵循不同的路径实施服务领导型竞争战略(见图 3.2)。一种方式是建立一组相对传统的服务组合。举个例子,制造商可以为客户提供咨询服务、维修服务、保养计划、培训服务甚至是工厂参观服务。我们将这些服务类型列为基础及中级服务,之后会对这两类服务进行更为详细的讨论。

另一个选择是,制造商发展或获取独立于其所生产产品的服务。如 IBM 等公司能够提供这类服务,而这类服务业被认为是广义的制造服务化(macro-servitization)。这类业务通常是企业面临传统市场需求的降低形势,因而将自身彻底改造成为服务引领的技术型公司,进军咨询及供应链管理领域。对这些企业来说,尽管技术能力仍然非常重要,但他们已经离原先的生产领域太远,不再把自己看作制造商。

第三个选择是制造商提供高级服务。到目前为止,我们仍将与产品紧密结合的活动视作服务,只要这些服务是为客户提供某种能力,而不单单是物理资产。这些服务拥有一些与众不同的特征,并且正如图 3.1 的中间部分所示。

3.3 定义基础服务、中级服务和高级服务

我们关注的是通过高级服务传递实施服务领导型战略从而赢得市场竞争力的制造商,并在路线图中对路径做出说明(见图 3.2)。为了更好地理解这一路径,需要深入探究并定义不同类型的服务。

对制造商的一种普遍印象是生产产品,而且这些产品能够抓住客户需求的痛点。而制造商提供的服务则被认为是一种售后活动,如维修和大修活动。产品和服务是截然不同的,因而应该被区别对待的观念,则进一步强化了这一印象。

许多学术界的模型建立了这样一种定义:制造服务化的发展会逐渐打破原来面向客户的产品与服务的平衡。这些模型也引发了一场哲学论战。

率先开始制造服务化的制造商并不这么认为。他们并不聚焦在产品与服务的相互影响上,而是关注客户提供的价值主张上的差异。卡特彼勒公司的经销商很好地解释了这一现象,当谈及他们的客户时,这些经销商告诉我们,他们拥有:

- 想要自己动手组装的客户;
- 想要跟他们一起组装的客户;
- 想要他们协助完成组装的客户。

这些经销商(作为卡特彼勒公司的延伸部分)意识到部分客户只重视装备、零配件和耗材的价值。在买到产品后,客户会在自己的工厂里进行维护和维修。部分客户会自己进行定期换油和换过滤器等维护工作,但是在需要保养或大修的时候,就需要经销商了。其他客户则只希望操作设备,由经销商处理其他一切事宜。

每一类客户从经销商那儿都有特定的收获。最简单的第一层的产出,即客户获得了仪器设备,我们把这类服务定义为"基本服务"。第二个层次或"中

级服务"的产出，是设备能够得到有效维护的承诺。而第三层次的产出则要复杂得多，这就是高级服务。

高级服务的重点从设备本身转向关注设备的绩效。对客户来说，现在的产出是通过产品性能所获得的能力。因此，制造服务化的先行者们通常以一种新的思维方式来看待自己与客户企业的关系，即更多地从客户企业的战略及其业务流程外包决策角度来换位思考。它们关注的不再是产品和服务的销售额。这些服务类型的区别见表 3.1。

表 3.1　制造商提供的产品—服务分类

类型	定义依据	组织延伸	提供服务的例子
基础服务	提供产品	基于生产能力的实践（即知道如何构建能力）	提供产品/装备、零部件、担保
中级服务	维护产品状态	从生产能力延伸到产品状态的维护	定期保养，技术咨询服务，维修，大修，运送到现场，安装，操作员
高级服务	通过产品性能传递的能力	从生产能力到产品性能管理	客户支持协议，风险与收益共享协议，按使用收费协议，租赁合同

从提供基础服务到中级服务再到高级服务，制造商们需要将原本属于客户内部的"活动"转移出来。换句话说，制造商们需要扩大其活动范围，从客户的运营事务中承担起越来越重要的责任。能清晰描绘出这些活动是理解所提供服务的关键。

把向客户提供零部件等基础服务作为制造商的服务业务，是相对容易理解的。类似地，对于维护和维修服务等中级服务，可以想象出一群技术人员在车间里操作仪器的画面。但是与高级服务相关的活动则很难描述。那么，与高级服务相关的活动究竟有哪些呢？

遗憾的是，常规做法是将高级服务看作一个个"协议"，而不是由一系列活动组成。导致这种情况的部分原因是制造商需要将复杂且内容庞杂的活动整合到一起，才能创造出高级服务业务。其中，有些活动属于高级服务。

高级服务,即特定需求项目的管理活动。这些正是签订各项合同的黏合剂。本章开头已经提到过,我们最初研究劳斯莱斯公司时,就已经注意到设备控制室/控制中心了。这些中心的功能很有代表性地包括了项目管理,如与控制中心联系紧密的是计划活动,包括安排资产维护的时间及地点、记录干预行为、记录安全检查以及管理资源和控制存货等。

高级服务也整合了大量现有服务活动,有时候也需要各种活动的捆绑和嵌入。同样的,因为形式多样,有时候也很难识别出所有的服务。以送入车库进行引擎检修的小轿车为例,维修(服务活动)是指引擎被拆解下来,替换有问题或磨损部分的过程。如果观察得更仔细一点,你会发现"维修"一词过于简化了。其他一些已经被视作理所当然的活动,也被嵌在这个过程中。首先,机修工要诊断并定位出了问题的部件,然后由管理人员安排好后续的预约工作,如预订备件,咨询台与客户进行充分沟通,等等。而所有这些都由"维修"一词概括了。

这就是高级服务的真实处境。高级服务在中级服务的平台上构建出来,而中级服务又是在基础服务的基础上形成的。这些服务相互组合,为客户带来价值。图 3.3 说明了这一过程。而在这一过程中,客户需求从简单的"提供

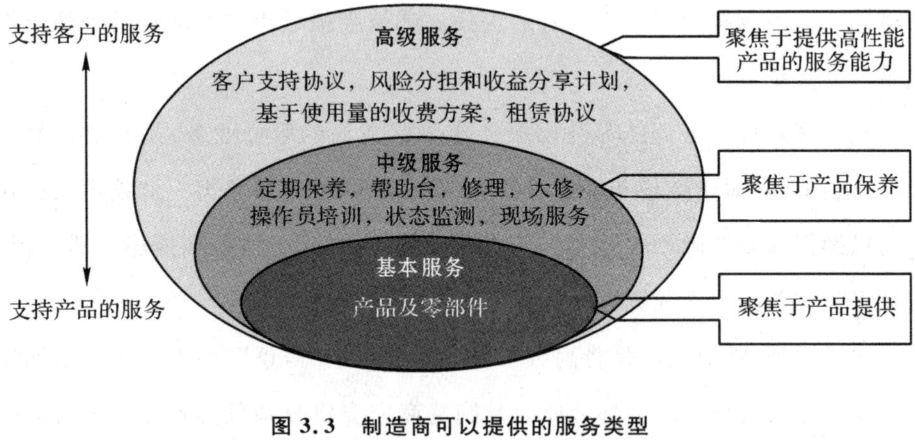

图 3.3 制造商可以提供的服务类型

一个产品"上升到"提供一种能力"。有时候,这一过程被表述为从"支持产品的服务"向"支持客户的服务"的转换。

高级服务因为传递一种能力而颇具吸引力。仅此一项就足以吸引客户,因为它使得客户不再需要拥有某项产品。然而,这也只是部分地解释了客户的诉求。事实上,制造服务化的先行者们也融合了这些服务的特征。虽然这一做法在这些制造商们看来非常普遍,但最后呈现出的结果却各不相同。接下来我们将做进一步分析。

3.4 高级服务的一般特征

高级服务专注于传递能力从而使制造商将其活动范围从生产扩展到很多其他方面。从客户和制造商的变化轨迹中,可以比较容易地看出高级服务的演化机制:原先由客户自己完成的活动,现在通过他人进行。而观察者并没有观察到制造商目前所从事的所有活动。但这就是全部的图景了吗?还有哪些其他特征区分了不同形式的高级服务呢?

我们仅描述了一部分实践中的高级服务。是否传递了某种能力是判断高级服务的根本标准。不过,制造商在服务合同中增加了其他特征。例如,制造商会调整收益的产生过程,按照消费情况收费;他们会调整服务提供所需承担的各项风险;他们也可能同意在扩展的生命周期内提供服务。

对高级服务而言,没有一条特征是独特的。这些特征在基础服务和中级服务中都能以某种形式出现。然而,在为客户提供的复杂服务中融合进这些额外的特征,却是一项普遍的做法。

3.4.1 高级服务的特征——扩展的生命周期

到目前为止,我们简单分析了服务提供过程中最显而易见的一些活动。但这只是服务提供的一部分。在高级服务中,制造商倾向于审视更长的服务周期内的各项活动，以及最重要的一项——怎样维持服务业务。此外，这些高级服务的生命周期都很长，有些情况下甚至可以跨越几十年。

高级服务的生命周期很容易被观察到，主要分为三个阶段：

- 服务生成（或服务再生）：实施服务活动，赢得服务合同。
- 服务部署：包括安排实施和服务的活动。
- 服务执行：包括传递服务过程中的活动。

合同会产生相关的活动，如服务化活动咨询、演示，甚至是设施参观，但通常并不明显。因为它们都是管理任务，而不是在车间中发生的事情。但是，就我们的观察而言，这些是大量存在并且必需的活动。

这些服务也有助于在一项合同完成后获得新的合同。例如，回购协议或从客户处接收已有的装备。服务部署部分的活动连接了此前的服务生成和此后的服务执行两个阶段，包括了装备的传递、测试和人员的培训。

高级服务合同的生命周期特别长，普遍为 5 年或 10 年。德国曼集团卡车的合同一般是 5 年；劳斯莱斯公司的“总代管”合同则一般会持续 10 年时间；而阿尔斯通的火车日常服务合同则可能超过 20 年。

有意思的是，部分制造商在表示生命周期时会使用“终生”一词。在某件产品的销量保持一定规模的时候，他们意识到了这三个阶段。高级服务的概念应该超越与产品的这一联系。施乐公司的业务就将能力传递作为目标，在客户已购买了竞争对手产品的情况下，施乐公司也会与客户签订协议，负责这些设备的支持和保养工作，最终将客户的设备换成自己的产品。

3.4.2 高级服务的特征——更多的责任、风险和经济惩罚

风险共担是制造商和客户间责任的平衡。在极端情况下，客户承担了设备运行的主要风险，而制造商只负责最基本的保证和担保。在基础服务和中级服务中，通常是这种情况。

一般而言，在高级服务中，制造商负有更大的责任。他们不仅需关注产品

性能及其表现,还有义务负责高级服务的运行。

以阿尔斯通的火车日常服务为例,它要负责火车头车辆的性能,使用的可获得性和可靠性。性能是指设备的全部能力能够传递的程度,使用的可获得性通过在约定时间段内约定的机车的使用时长来衡量;可靠性则根据预料外的故障频率来评估。如果没有达到约定的目标,就要采取矫正行动。具体来说,如果引起了争端,客户就会向阿尔斯通提起经济惩罚要求。

在高级服务合同中,责任和风险间的平衡关系差别很大。卡特彼勒公司经销商的"风险与收益"共享合同就要比阿尔斯通的例子简单。在卡特彼勒公司,合同的内容是与客户一道综合考虑设备可获得性和完成服务所需成本而商定的。如果完成服务的成本超出了其预算,那么经销商将只支付一半的成本费用。相反,如果实际成本比预算成本要低,那么经销商需要让渡自己的一部分收益给客户。

责任和风险的特征如此明显,以至于有时候高级服务合同仅以这些术语的形式出现。与其聚焦客户的"产出",一些实践者认为高级服务是制造商在提高风险关系的层级。这需要从宏观层面进行风险分析,并遵循服务提供中偏重以产品为中心的观点。

3.4.3 高级服务的特征——固定的收益性支出(regular revenue payments)

经济模型主要关注资金流转的时点和过程。在研究开始之初,我们对高级服务的经济模型完全没有概念。而有些学术论文则试图让我们相信"劳斯莱斯公司不再销售引擎产品",而是采用按小时供能方式租赁引擎。事实果真如此吗?如果是真的,又是怎样做到的呢?随着研究的逐渐深入,我们逐渐解开了这团迷雾。而这也是很多高级服务所面临的共同问题。

在我们的困惑中,有一部分是因为在特定行业中,高级服务一般都是高度定制化地卖给单个客户的。并且,我们很快就意识到不能期望在机床工业行业也精确复制航空业中的“按小时供能”合同。当然,真实情景逐渐显现。我们开始领会到在描述收入的时候,很大程度上依赖于所描述的对象是制造商还是其客户,以及是否在处理资产回购问题。并且,通常都会有金融力量的介入。

通过对比,我们发现“按小时提供动力”的经济模型与汽车租赁计划有部分相似。制造商生产出汽车,而由金融机构为客户提供购买建议,客户则签订分期付款的贷款协议。客户所支付的费用中的大部分是给金融机构的资本偿还和利息支付,而剩下的部分则会直接进入制造商的口袋作为维护计划资金的一部分。

高级服务的收益支付也与上述过程类似。但最常见的问题是:在高级服务中,到底谁拥有设备/产品/资产呢?很少会是客户(终端使用者);从这个意义上说,那些学术文章的说法是准确的。按照租赁合同要求,客户按期(比如按月)支付费用,以获得相关的服务。但是,只有在很少的情况下才由制造商获得所有权,而大多数时候都是金融机构成了资产的合法所有者。

这一情况是我们去伦敦希思罗机场访问维珍大西洋航空公司的飞机维护和修理点时了解到的。在参观了现场设施之后,我们看到了一台正在例行检查的汽油涡轮发动机。引擎边上的一块铭牌上清楚表明了这架引擎由一家金融公司所有,而英国维珍大西洋航空公司以按揭贷款方式进行使用。在飞行员座椅的后面也有一块类似的铭牌,说明了整架飞机的所有权和使用权情况。

最后需要说明的是“许多大型制造商都有自己的金融机构”的说法是不准确的。在一些情况下,金融机构其实是制造商的金融合作者;其他时候,独立的机构也会参与进来。从这个意义上说,劳斯莱斯公司确实可以凭借其规模,基于“按小时供能”模式向客户出租引擎。

高级服务的经济模型也包含惩罚和使用。惩罚以两种方式体现在过程中。如果制造商的产品没有实现约定的性能,客户可以撤回已支付的费用。

同样地，如果客户没有按合约的要求合理使用产品，制造商则有权获得赔偿金。

在前文提到的风险收益共享计划中，当维护成本超出协议约定金额时，通常是由制造商和客户各自承担一半费用。而当实际费用低于预期时，制造商可以按照事先的约定，从结余中提取一定比例的赔偿金。

高级服务合同将会保证资产的使用程度。合同中应该包含一个约定的最小资产使用值，这样制造商每月都能收到一笔基础费用，以及一个最大值，对资产的使用不能超过这个值。举个例子，客户和制造商约定卡特彼勒公司的采石卡车每天最多工作 20 个小时。如果超出这一工作强度，客户就会被要求支付一笔额外费用。

这类使用合同同样涵盖设备如何使用的约定。例如，飞机被要求走特定的空中线路。因为引擎在飞机起飞和降落时会承担更大的负载。客户如果擅自改变飞行航线，飞行器将会被更改计费标准，比如从长途飞行转为部分区域飞行时，制造商就会要求客户支付额外费用。

表 3.2 总结了这一经济模型。与基础服务和中级服务相比，高级服务有其明显的特色。在有些情况下，其结算方式相当直接，如在客户取回设备的时候支付零部件更换的费用，或者当修理费按照修理次数收取时，耗材费用和维修费用就由客户支付。

表 3.2　高级服务的广义经济模型

制造商		金融合作伙伴		客户	
服务	收益	服务	收益	服务	收益
产品/设备	整笔付款	整笔付款	定期支付的资产费用	定期支付的资产费用	产品/设备
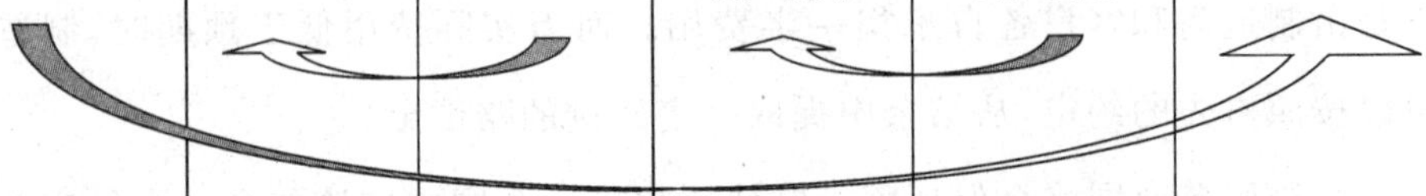					
维护及管理服务	定期支付的服务费用减去产品性能不佳的处罚和/或使用不当产生的赔偿金			定期支付的服务费用减去产品性能不佳的处罚和/或使用不当产生的赔偿金	维护及管理服务
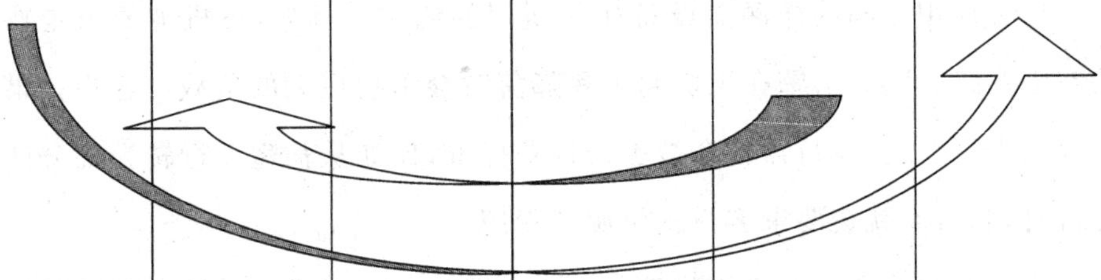					

3.5　本章小结

在本章开头,我们说明了向生产环境中的人员描述制造服务化机会的难度。我们画了一张路线图作为对制造服务化全景的辅助说明。本章的后续部分也遵循这一逻辑来定义服务化,介绍高级服务及其特征。

下一章依然是高级服务的内容,总结了采用这些服务的动机,回答了这些服务是如何带来高价值的。那么提前总结一下高级服务的形式,对后续介绍是非常有帮助的。

图 3.4 表明,基础服务是制造企业任何服务提供的核心。基础服务与所提供的产品类型(如是挖掘机还是工业机床)及相关零部件有关。

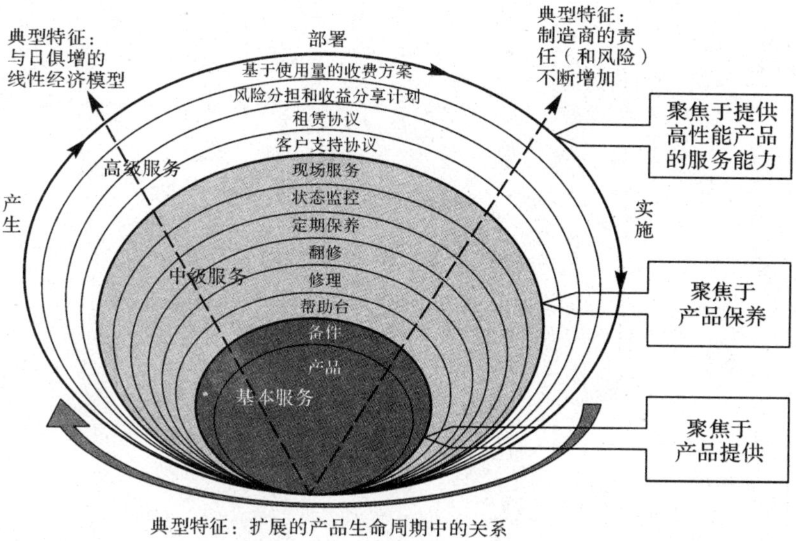

图 3.4 高级服务的特性示例

制造商若随后进入如维修和大修服务等的中级服务市场，则意味着它将需要承担设备使用状态的维护工作。举例来说，对操作者进行培训可以确保设备的使用符合要求，定期的维护则保证了如换油等工作的进行，而如石油采样等状态监测服务则有助于预防设备状态的恶化。

在这些中级服务中融入许多基础服务有利于产品状态的维护。比如，有效的零部件供应可以保障维修的快速进行。而高级服务又将基础和中级服务都包含其中。高级服务的目标是通过产品的使用来传递能力，而不是简单的状态维护。实践中，制造商将这些服务写入合同中，以获得更长的合同期限、更多的责任以及更稳定的收益流。

我们在描述过程中抽取出高级服务的典型特征，而这些特征才是客户诉求的关键元素。另一方面，提供这些服务要求制造商采用特定的实践和技术，在本书的后面，我们会做简单分析。而在此之前，我们先要来看看高级服务之所以吸引人，它的动机和收益究竟如何。

4 高级服务的管理启示

劳斯莱斯等公司的成功使制造服务化赢得了西方世界的关注。2006 年，我们开始这一项目的时候，在劳斯莱斯公司的收益中，服务业务收入就超过了54%。事实上，在过去几十年中，服务业务已经为它的收入和利润做出了巨大贡献。

我们了解到其收益来自于基础、中级和高级服务的组合。比如，劳斯莱斯公司可以提供零部件，负责引擎的维修及"按小时供能"合同。而这种从混合服务中获得收益的模式，在我们研究的所有公司中都有体现。

我们最初的疑问得到了解答。然而，我们意识到，这些财务结果虽然本身已经是强有力的激励因素，但仍然只是部分解释了服务业务对制造商的价值。

制造商转向服务化战略应该还有其他原因。同理，也应该有其他理由可以解释为什么客户乐于接受这样的服务。我们的研究兴趣是高级服务，这一点非常明确。因此，我们不得不问：制造商及其客户采用高级服务的主要战略动机是什么呢？

本章描述了我们探究这一问题的过程，展现了我们所掌握的内容。

4.1 对财务绩效的探寻

我们的研究结果可以回答高级经理们的主要疑问:制造服务化可以赚到钱吗?我们的报告可能会影响许多企业的战略及随之而来的成功。因此,挑战在于提供可靠的答案。

对准时制生产和精益生产的探究为我们提示了可能的方法。《改变世界的机器》等重要书籍是在对世界范围的汽车行业进行大量调研的基础上写成的,在识别出了表现良好的公司后,又对杰出业务进行了系统调查。日本丰田公司就是这样一个例子,其在制造服务化和精益生产的表现上对比较为明显。我们也可以遵循类似的过程、使用类似的调查方法吗?我们可以找到像日本丰田一样的企业吗?

第一步,我们进行了小规模调查。从 2008 年下半年到 2009 年上半年,我们调查了英国部分可能希望提供高级服务的制造商,结果令人振奋。我们发现四家英国公司中只有一家在搭建自己的服务组合,但是所有公司都反映,服务业务的总体利润率要高于(最差的情况也是持平)新产品的销售。这些公司提供服务业务的原因主要有:

- 提升响应客户需求的能力;
- 与竞争对手形成差异;
- 增加客户忠诚度;
- 建立新的收益来源;
- 为竞争对手设置壁垒。

然而很不幸,我们的喜悦转瞬即逝。仔细查看数据后,我们发现在数据一致性方面存在一些问题,因此我们对收集到的数据感到不安。数据不一致和缺失情况很明显,尤其是财务结果。为探求造成这些现象的原因,我们尝试访问了部分受调查公司。在这一过程中,三个因素慢慢浮现出来,说服我们必须彻底改变研究制造服务化的方式。这三个因素是：

- 成功的程度是未知的。通常，管理者并不知道服务业务对公司的财务贡献有多大。实际上，部分受访者对财务绩效问题如此感兴趣，以至于他们在公司内部传阅了我们的调查问卷，尝试自行找出答案。
- 财务报告的做法不同。对不同组织而言，财务报告背后的惯例和假设都不相同。制造商可以选用不同的分摊成本及收益的机制。财务报告降低高级服务的直接利润率而抬高了组织总体利润的做法是完全可能的。对（之前的服务合同中）使用过的二手设备的销售有税收优惠，或当公司内部服务组织使用零部件以及需要全额支付部件的零售价格时，这种情况就发生了。
- 服务领导型战略的不同。制造商们采用不同方式组建自己的服务组合，部分制造商仅仅是加大了基础和中级服务的供应量。

当然，调查得到的结果并不充分。我们需要找到一种方法来深入分析，尤其是要细究制造服务化所带来的财务表现。因此，我们查找能代表组织绩效的信息，这些指标应不受财务处理方式变化的影响，并且是针对高级服务的。

我们还调整了研究方法，采用德尔菲法访问了大量来自各个行业的制造商。我们从一个个企业案例中收集服务类型的信息，询问了管理者有关制造服务化对财务绩效影响的看法，整合各项结论，并反复向管理者求证，直到回复结果一致，我们能够做出解释为止。

这一方法实现了我们的目标，尽管无法做出更广泛的预测，比如，制造服务化对一个经济体的价值，然而，我们可以自信地测算出通过提供高级服务参与市场竞争能对单个制造型组织带来多大的影响。接下来，我们将与读者共享制造服务化所带来的财务结果以及由此引发的其他效益。

4.2 服务、收益及利润率

通过研究,各领域的制造商所提供的客户服务类型、获得收益及由此产生的利润三者之间的关系得以展现在读者面前。将组织作为一个整体来看(包括生产和服务活动),一般来说各方关系表现为:

- 从基础服务扩展到高级服务业务,制造商的收益增加了;
- 从基础服务扩展到高级服务业务,制造商的总体利润也有所增加,但没有收益增加的比例大。

我们的焦点始终落在图 3.2(见第 3 章)所展示的制造服务化路径上,即制造商从提供基础服务(如产品和零部件),扩展到中级服务(如维护、状态监测和现场服务),再到高级服务(如按小时供能)的进步,而不是简单地增加基础及中级服务的组合。

增加的服务类型自然而然地为制造商带来了收益的增长,因为它为客户承担了更多的工作。简单来说,制造商从客户处获得了更大的市场蛋糕。图 4.1 对这一关系做出了解释。当制造商成功地接过原本由客户负责的服务活动并回售给客户,这一状态就实现了。

然而,收益的增长有一个限度。在这一点上,制造商提供更多服务不会自动带来更多的收益。

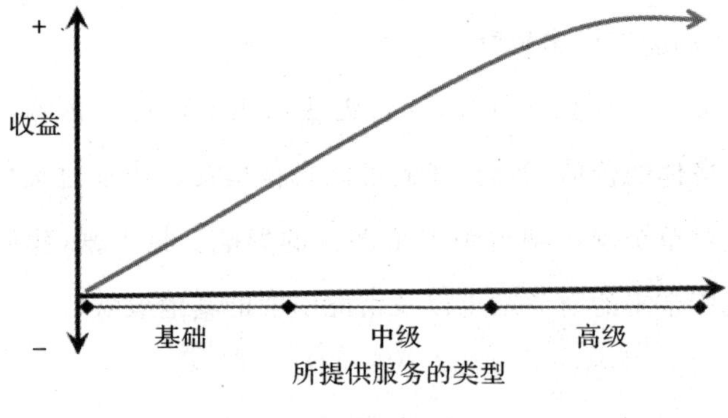

图 4.1　制造商从不同类型服务中获得的总收益

这一点因客户、市场而异，甚至也因行业而有所不同。有些制造商能够在高级服务中得到更多好处，因而想要提供更加全面的服务；而有些制造商可能会趋于谨慎。

客户需求下降的点则反映出他们对自身利益的感知。一旦客户开始认为制造商在蚕食他们的核心业务，制造商所提供服务的价值就将下降。实际上，客户会把这种蚕食视作一种威胁。

我们调查的所有公司都出现了这一情形。例如，阿尔斯通公司就不向维珍火车公司提供司机；德国曼集团不会为丹麦的霍耶公司的卡车提供司机；卡特彼勒公司经销商不会自己从矿井和采石场搬运矿石。这些公司都意识到了客户的核心价值诉求。随着调查的深入，卡特彼勒的一家经销商主管服务的副总经理言简意赅地说出了重点："这会将我们放在与客户竞争的位置上。"

在以上逻辑下，制造商与客户之间达到了某种均衡：制造商的能力圈得到充分拓展，但又不干涉客户的业务范围。制造商的收益保持在一种稳定状态(如图 4.1)，而这一均衡点则会随着时间的推移而发生变化。

不过，我们还需考虑一种更危险的场景。正如我们在前面章节中提到的，高级服务通常要签订涉及风险条款的协议。有些情况下，它们将承担其产品绩效的主要责任。如果产品不符合要求，客户就能从惩罚条款中获得财务赔偿。事实上，客户所支付的费用也将退还，从而制造商的收益将更少。这类情况对利润率的影响更为直接和显著。

在更广泛的管理学文献中，已有大量关于从服务业务中获利的探讨。例如，表 2.2(见第 2 章)就给出了服务业务利润高于产品销售的案例。而在具体实践中，情况是很复杂的，基础、中级和高级服务的界限很少能分得清楚。

尽管边际利润有所下降，但总体的利润值仍在增加。通常将随着服务化程度的提高，收益增加但利润反而下降的现象称为"服务的困境"。只有当服务有合理定价,且在合同期限内都能很好地管理成本和风险时,才可能维持其利润水平。高级服务的传递以多种方式影响着边际利润,具体包括:

- 规模经济的减少。制造服务化所需的组织扩展需求可以反过来影响企业的内部效率和效益。正如我们在后续章节中将要详细讨论的,高级服务的本质就是要让制造商改变以生产设施为中心的状态。而制造商们一旦这么做,规模经济就将减少,且服务的传递成本也会增加。
- 额外的资源(人员和技能、技术)。这对传递客户"承诺"可能是必需的,而这将增加间接的费用。
- 先进的服务合同很容易超卖。这类合同的商业机会如此重要且吸引人,以至于制造商在设计服务业务时显得非常慷慨。如果在设计阶段过于雄心勃勃,或未能充分了解自己的成本构成,它们很可能会极大地损失自己的利润率。
- 高级服务合同通常包括惩罚条款。正如我们前面提到的收入问题,如果合同中包含了绩效表现不佳时的相应惩罚条款,那么服务传递过程中的任何失误都将直接影响利润率。

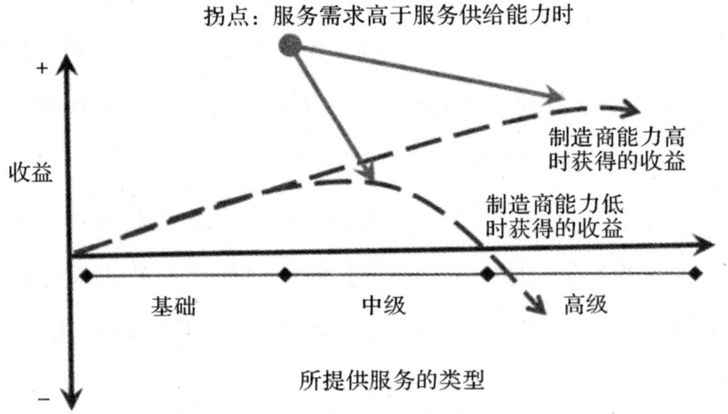

图 4.2　制造商服务收益的拐点

这些因素可以相互影响而使得高级服务的利润变化非常大。图 4.2 说明了这一情况。

至少在财务方面,收入与利润的这些关系有助于解释高级服务对客户有吸引力的原因。在传统的服务业务商业模式下,如果产品或资产出现问题需要大修,那么制造商的收入则依据进行这类维修所需的时间和原材料而定。而一旦产品或资产过了保修期,客户就需要承担维修的全部责任。这一情况在图 4.3(a)中做了说明。

对高级服务而言,情况则正好相反。产品或资产停工的时间越长,制造商需要支付的成本就越高(见图 4.3(b))。这些成本的高低也因高级服务类型而不同。在某些情况下,处罚可以如此严重,以至于制造商宁可不保有客户的产品或资产的所有权。

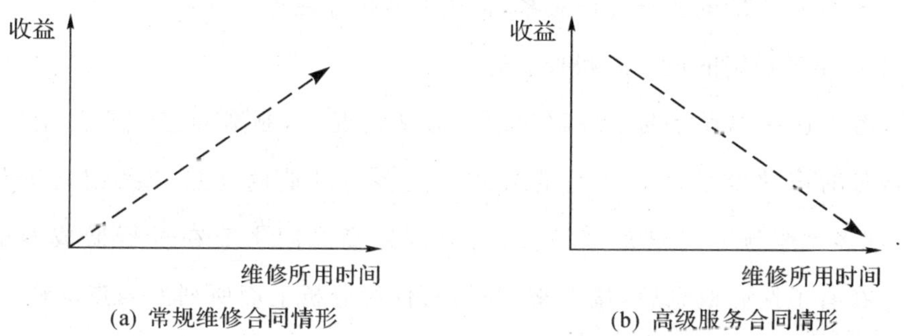

图 4.3 收益与维修所用时间的关系

通常,制造商们在基础和中级服务中承担了过多的责任,这意味着,他们也承担起了自身能力不足与履行责任的风险。因此,了解履行高级服务合同所需的实践及技术对制造商来说是非常重要的。我们将在后续章节中深入探讨这些问题。

4.3 制造商提供高级服务的动机

亨利·福特把他的汽车生意看作是服务(客户的价值),而利润是自然而然得到的结果。在研究过程中,我们看到领先制造商的高级经理们也抱有类似的想法。他们非常了解采用高级服务的理由,而高级服务最终也为他们带来了更好的财务绩效。

为便于理解,我们提出以下问题:这些制造商们为什么要采用制造服务化战略呢?我们的讨论小心避开了特殊事件或环境的影响。虽然这些问题也很有趣,但我们最希望了解的是采用这些战略的一般动机。

我们发现,率先采用制造服务化的制造商有四个共同的因素,其战略都聚焦在:

- 帮助客户获得成功:关注客户的"痛点"(成本),协助客户取得"收益"(利润);
- 与现有客户进行过程创新,创造新的收入来源,获得业务增长;
- 发展长期的业务合作关系,将竞争者排除在外;
- 发展稳定的现金流和收益流。

考虑这些因素有助于理解问题。通常情况下,制造商强调产品销售,销售服务时用的也是销售产品的方式。大多数制造商通过产品创新进行竞争,许多企业与客户只是交易关系,且制造商之间主要在进行低成本的竞争。在有了这些概念后,接下来,我们将仔细分析上面所列的四点动机。

4.3.1 帮助客户获得成功:关注客户的"痛点",协助客户取得"收益"

这一动机普遍存在于我们的案例企业中,但又有多种不同的表现形式。"痛点"主要是指成本,"收益"则是指利润。就我们所调研的公司而言,这种进攻策略在组织目标和实现目标的方法方面都很常见。

我们与卡特彼勒公司经销商在某次会议上的偶遇很好地说明了这一点。当时,我们正在拜访位于得克萨斯州的一家杰出经销商的服务业务副总经理。该经销商与卡特彼勒公司的合作已经有30多年的历史了,这次会议主要介绍他们第一次参加经销商会议的经验。副总经理介绍道,他们一到达会议地点,就被引荐给了美国最成功的经销商公司的资本家/所有者。

资本家问:“那么,你的主要工作是什么?”我们的高级管理者有些天真地回答:“我是服务业务主管。”“不,”资本家回复道,“我问的是你的工作是什么?”“哦,我卖部件和服务。”这位管理人员回答说。但是这位资本家的回应却是:“不,你的工作是尽可能地帮助你的客户变得富有!”

尽管最初惊讶于这一尖锐的反驳,但这位高级管理者随后意识到对方是在告诉他,眼睛不要仅仅盯在销售产品和服务上,而应该关注为客户带来的结果。这位管理人员在此后的职业生涯中,都牢记并采用了这一“心诀”。

类似的动机较为常见。卡特彼勒的其他经销商也将他们的行为描述成自己足够深入地嵌入到客户的组织中,以帮助客户实现产品和服务的全部价值。类似地,施乐公司也把自己的行为描述成帮助客户获得更大的成功——并不只是尝试销售更多设备。

我们在德国曼公司也看到了同样的动机。我们知道,能源成本占到卡车运行成本的50%左右,而德国曼公司设计的“卡车技术”(Trucknology)服务大约可以节省10%的能源消耗,相当于每年每车节约5000英镑——当车队有1000辆卡车时这就是一大笔资金。而德国曼集团发现它的大多数客户只使用了卡车可以使用时间的23%,他们需要面对的挑战就是大幅提高这一使用比例。

这一思维方式是服务领导型方法的关键——既不关注产品的销售,也不关注服务的销售,而是帮助客户获得更大的成功。产品及服务谁更重要是个伪命题。客户的成功依赖于两者的整合。当客户获得成功时,不但创造了新的服务业务,也有了更多销售设备的机会;越能帮助客户获得成功,对客户越有价值,收益提升的机会就越高。这些是先发制人的增长驱动战略,其机制见图4.4的影响关系图。

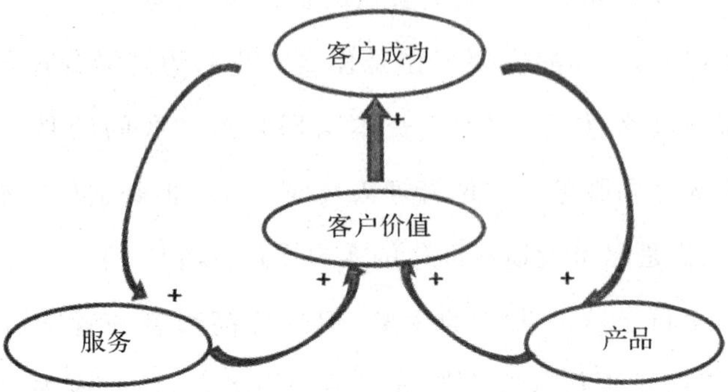

图 4.4　服务和设备在收益创造中的相互依赖性

4.3.2　与现有客户进行过程创新，创造新的收入来源，获得业务增长

阿尔斯通公司对维珍火车公司所采用的战略就是典型的客户参与过程创新的例子。当维珍公司获得英国西海岸主干线的火车运营权时，其业务主要集中在提升轨道运输能力、收取车票费以及驾驶火车三个方面，并没有参与到火车制造或保证火车正常运行的服务(零部件维修及维护)中来。

阿尔斯通在业务流程方面有很强的创新性。它创造了一个名为火车日常服务(Train Life Services)的组织，为维珍公司提供潘多利诺型号的火车头和服务。如果阿尔斯通只关注建造、销售火车头以及提供零部件，我们很难想象它能够吸引到维珍的订单。在其他行业也有类似的事件发生，例如，劳斯莱斯公司受到美国航空公司的鼓励，开发出了按小时供能/总代管的服务。

在有些情形下，或许必须由制造商承担由众多供应商共同完成的设备的组合责任。比如，施乐公司就会接下其他制造商生产的、已经占有巨大市场份额的打印/复印机(如惠普、富士、佳能公司等)的服务。卡特彼勒公司也会接下类似的合同，可能会涉及美国迪尔公司、凯斯公司和沃尔沃公司的装备。一旦这些合同开始执行，那么原先的设备将逐渐被施乐公司自己的产品所取代。

在其他情形下，制造商可以通过提供服务的方式获得无法从其他渠道获得的客户。一个例子是美国加利福尼亚州的城市委员会要负责实施垃圾填埋的工作，而这个垃圾填埋场离一个军事基地很近。委员会被迫将该项工作外包给一家非政府机构，也因此万般无奈地减少了对相关资产的所有权份额。这么做的结果就是，城市委员会与当地的卡特彼勒公司经销商签订了按使用量付费(revenue-through-use)的协议。负责服务业务的联合副主席将其描述为："除了以下三样东西外，我们提供其他一切产品及服务：操作员、能源和设备的滥用。"

其中，第三点"设备的滥用"是指客户因滥用设备而造成设备损坏的责任。这些合同规定得非常细致，细到委员会要求卡特彼勒经销商在早晨发动机器，每位当班操作员一开始工作，就将机器交给他；然后每班操作员在下班的时候要把机器归还回去，并确保机器关闭。而当某地的税收政策规定出售(在以前的合同中)使用过的二手设备的税率要低于新设备的时候，类似的激励机制就产生了。

4.3.3 发展长期的业务合作关系，将竞争者排除在外

如果说前两个动机都是进攻型的，那么下面这个动机则是防守型的。西方制造商所面临的零部件和维修市场正遭受不断的挑战。来自低成本经济体的生产商可以生产出更廉价的模块化部件，而不需要过多考虑原始制造商的声誉和标准问题。另外，小规模的独立合同商利用这些非原始设备制造商所生产的部件，就能够提供维护和小规模的维修服务。这种情形从很多方面影响了产品生产商，尤其是：

- 减少了零部件更换及服务销售的收入；
- 将原始设备制造商的产品置于质量低劣的零部件及服务之中，这可能会影响产品的可靠性及绩效表现，反过来又会影响原始产品的声誉；
- 可能会对原始设备制造商扩大其产品和服务带来更多的竞争压力。

而高级服务的提供使得原始设备制造商能够降低这些情况出现的可能

性。卡特彼勒公司的一位经销商评价道:“这就像把果园锁起来。”他将卖出去的产品比作果园里的苹果树。服务业务和产品销售收入是“果实”,而高级服务保证了这些果实由经销商采摘,而不是由竞争者闯入“果园”将果子偷走。

与客户建立更紧密的关系增进了产品销售和服务的机会。例如,简单地从中央仓库为挖掘机供应零部件,提供高级服务的卡特彼勒经销商将进入挖掘机工作现场,直接与设备的操作者进行交易。通过这种方式,制造商直接与一线用户建立起了联系,一线用户也了解了设备应用的更详细的知识。这两点意味着,制造商更好地了解到客户的业务需求,在产品及服务销售上占据了主导地位。

4.3.4 发展稳定的现金流和收益流

高级服务有助于提高收入,并保持收入流的稳定。近期经济的不景气造就了这种机会。举个例子,卡特彼勒经销商就报告了这样一个情况:在设备销售下降了90%的同时,设备租赁业务只下降了25%。

这一情况会经常发生,因为在经济下行期间,客户在新产品投资问题上很可能会更为谨慎,但可能会通过高级服务的维护和包装,租赁设备或延长现有产品的工作年限。这样一来,产品销售收入的减少就被由高级服务带来的产品维护收入的增加而抵消。因此,长期来看收入将会更平稳。

而在产品需求高涨时期,高级服务也能使收入流保持平稳。通常来说,制造商能影响特定设备的分配和部署。而合同中只会指定机器的型号及数量,却不会详细到某天要什么机器。因此,制造商可能会在新产品需求不大的时候提前更换机器,在新产品的需求增加的时候延迟机器的更换。

从这个意义上讲,高级服务就成了制造商们的设备蓄水池。制造商的收入将会相对平稳和可预测,保护其不受提供更低价格零部件和服务的竞争对手的影响。

4.4 客户采用高级服务的动机

制造商或许有很强的战略理由来开发高级服务业务，然而，这些服务要想被市场采纳，还必须对客户有吸引力。在这一节，我们通过以下问题着手分析客户采用高级服务的原因。

我们同样仔细回避了可能导致企业选择服务化的某些偶然事件或环境因素，而是选择专注于更普遍、持久的动机。经过分析，客户采用高级服务的五个因素如下：

- 降低操作成本，提高产品/资产绩效；
- 使管理团队将精力投放在核心业务活动上；
- 将固定成本转换为可变成本，以反映销售收入；
- 提高财务能见度；
- 降低采用并操作新技术的风险和障碍。

单独来看，这五点原因并没有特别之处，但是高级服务用特殊方式把这五点捆绑在了一起。

4.4.1 降低操作成本，提高产品/资产绩效

降低操作成本这一因素在我们与客户讨论高级服务的过程中将反复出现。虽然领悟到了这一动机，但一开始的时候，我们并不确定它的原理。高级服务怎么能降低操作成本呢？

最初，我们尝试将能力更好地与需求进行匹配。正如接下来将要解释的，按小时供能等高级服务合同确实帮助客户更好地实现了收入与操作成本的平衡。然而，在这个例子中，客户选择高级服务的原因并不在于此，而是制造商在中间发挥了巨大作用，他们确保了其生产的产品或资产的效率和效益。具体来说，他们能够：

- 确保特定任务配置了最合适的产品/设备。制造商有途径获得更多的设备;而一旦购买了某款设备,客户就要用这款设备完成各式各样的任务。高级服务避免了这一情形的发生。
- 在不同合同间转移产品/设备以补偿需求的波动。制造商同样能够调整完成某项作业的产品/资源的数量。
- 重新设计或调整产品,使得它们能够表现得更好,也更容易维护。一旦在服务中出现产品/设备故障,制造商有能力调整产品设计,在未来避免出现类似的问题。他们也可以通过调整设计,使得维护工作变得更容易。
- 开拓与供应商的关系,确保及时获得零部件和人员。制造商与自己的供应商有着更紧密的关系,因此与客户相比,能更有效地进行调节。

这些因素带来的结果就是,制造商能够降低履行高级服务合同的成本,因此他们可以鼓励客户采用这类合同,进而降低客户的操作成本。

这些因素似乎也意味着产品/资产的绩效表现得到提高。而且,在结合了我们前面所讨论的财务合同之后,制造商有很强的动机来确保其提供的所有产品或设备的表现符合标准。

4.4.2 使管理团队将精力投放在核心业务活动上

在我们调查的所有公司中,找到了许多很好的案例来说明客户采用高级服务的原因。

例如,卡特彼勒公司的客户把自己的核心业务活动放在采矿上。它们专注于矿产资源的获取,探明该地区的地质结构,管理后续的矿石挖掘和运输过程。对这些客户来说,在非核心业务上保留采矿车并定期维修,还需要养着相关人员和其他装备,这在时间和金钱上并不是必要的。在采矿车上采用高级服务而由他人承担这些活动是客户的主要动机。

阿尔斯通和维珍公司也是类似的情况。维珍火车公司的核心业务集中在火车头车辆及其司机的管理、车票的销售及面向乘客的服务营销上，而按照“可获得性”合同，它将其他活动交给阿尔斯通公司负责。

同样，由德国曼集团向物流巨头霍耶公司提供车队管理服务，确保霍耶公司专注于为客户提供散状材料（食物、气体、矿物燃料等）的运输，而德国曼集团则负责照料霍耶公司的运输队，确保每公里行程的固定成本，且德国曼集团会及时提供车辆让霍耶的服务按时到达。

4.4.3 将固定成本转换为可变成本，以反映销售收入

有些情况下，高级服务或许不能降低总的运作成本。在使用程度高的状态下，高级服务甚至是昂贵的选项。举个例子，在特定条件下，按小时供能的商用飞机如由用户进行操作，其费用将高于在常规租赁合同之下的情况。

不过，即使在费用更高的情况下，高级服务也能保证客户的收益。一个优势在于高级服务往往能降低客户的固定成本。与其花费资金购买初始产品/设备，客户更有可能会签订合同，分期付款。而这些分期付款的款项足够支付资产租借费和相关的服务费用（见本书3.4节）。

这些费用的支付通常与设备的使用有关。最能说明这一情况的例子就是飞机引擎的按小时供能合同。在这种情况下，用户定期支付的费用反映的是引擎的飞行小时数。在这些合同中，规定了飞行时间的最大值和最小值。即使飞行器未被使用，作为用户的航空公司仍然需要支付一笔相对较少的基本费用，而如果飞行器被过度使用，或者于存在不利条件的路线上使用（频繁降落或降落在沙漠地区），那么航空公司将会受到惩罚。

在这一部分，我们明白了大型航空运营商如何以各种合约方式拥有飞行器。有些飞行器完全由运营商所有，这些飞行器将由航空公司自己的维护人员进行保养，也会是使用得最频繁的。有些飞行器是以长期租赁方式使用的，不过也是由航空公司的人员进行维护。因为租赁关系的存在，航空公司在做飞行计划和路线安排时会更注意一些。航空公司还会以按小时供能的方式使

用一些飞行器。这些飞行器就不需要航空公司进行保养了,而且主要是用于应对飞行能力出现波动的情况。当航空运输需求下滑时,这些飞行器将会"首先被停在停机坪上"。

4.4.4 提高财务能见度

当由用户来承担原本由制造商提供的服务时,就为其组织带来了内部成本。然而,他们可能并不完全清楚提供这些服务的真实成本。

组织依靠会计处理方法核算其成本。完全成本法和成本分摊法等是流行的成本处理方法。不同的方法遵循不同的假设、处理方式或规则来进行成本的计算,这些假设限定了不同情形下成本核算的可靠性。

当用户执行高级服务合同后,实际上就将成本计算的工作转交给了制造商。用户不再需要内部成本系统,而且用户可以明确地知道自己当天的成本是多少,也可以依此推算出未来的成本。

4.4.5 降低采用新技术的风险和障碍

按小时供能是高级服务的标志性例子,并与劳斯莱斯公司直接相关。但是,按小时供能起源于飞行器制造商布里斯托尔·西德利(Bristol Siddeley)公司的实践。在20世纪60年代,布里斯托尔·西德利发动机有限公司向市场推出了一款新的商用喷气式飞机,这款飞机采用了全新的燃气涡轮发动机,这款发动机叫作毒蛇。

一开始,这款新型喷气式飞机在北美市场的销售情况并不乐观。在销量不高的情况下,现有的维护和修理厂商不愿意持有毒蛇引擎的零部件;而在有维护服务的保障之前,潜在的买家也不愿意购买这款发动机。后来,布里斯托尔·西德利发动机有限公司创造出按小时供能合约,打破了这一僵局。该公司用高级服务合同令新技术在市场上获得了认同和接受。

卡特彼勒的经销商也提供了一个类似的例子。有一段时间,电力传动装置在大型采矿卡车应用上深受欢迎,但在斜坡运料道过长时,其应用便受到限制。为了克服这个难题,卡特彼勒公司开发出了另一种机械传动装置。为了让市场接受这一新技术,它也采用了高级服务合同的方式。用户获得了更好的技术,同时使用风险又得到大幅降低。

因此,对客户来说,高级服务为新技术的采用降低了风险。通过高级服务保证新技术的表现、可靠性与可获得性,大幅降低了用户的风险。因此,新产品一上市即获客户认同的壁垒与障碍也降低了。另外,制造商也获得将新产品推向市场的机会,并且能够获得产品性能的反馈,同时增加一个新的收入来源。

与此同时,融资障碍也降低了。在用户自己筹集资金的情况下,融到足够的资金可能并不容易。而当与制造商合作时,银行就更愿意借钱。甚至制造商自身就有金融伙伴,可以帮助用户获得高级全能服务。

4.5 制造服务化与高级服务的路线图

作为本章总结,同时也为探索传递高级服务的关键实践和技术,本节简要总结一下制造服务化的路径、高级服务的特点以及为什么高级服务能为制造商带来高价值等问题。我们为此制作了一张路线图(见图 4.5)。

图 4.5 说明了制造服务化是制造商发展自身能力、通过提供服务业务参与竞争的过程。这些制造商提供的竞争策略被视为服务引导型的竞争策略,而不是产品领先战略或卓越运营战略。部分制造商通过提供更广泛传统服务的组合来实现这种服务引导型的竞争战略。其他制造商则放弃了大量的技术优势而成为纯服务提供商。而我们的关注点在于,制造商们何时以服务提供商的身份开发技术能力,传递高级服务。

通过产品的使用,高级服务为用户带来了业务能力的提升。对制造商而言,则代表了组织结构从以生产为基础向以服务提供为基础的扩展。高级服务还具有生命周期更长、责任(同时也是风险)更大以及业务收入增加的特征。

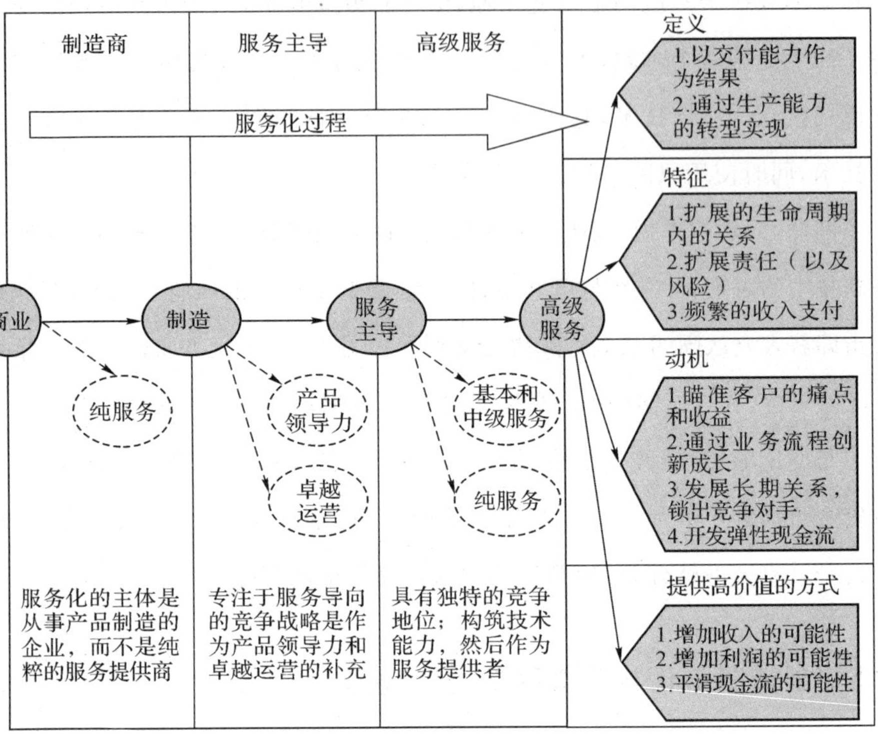

图 4.5　服务化路线

这些提供高级服务的制造商通常的出发点包括:通过业务流程创新获得成长,发展出将竞争对手排除在外的长期关系,以此获得稳定的收入。而高级服务能够通过提高收益、增加利润和稳定现金流,为制造商传递高价值。

当然,有关制造服务化也有一些忠告不得不提:只有用户的动机、文化和流程与制造商相匹配,制造商才能获得成功。例如,如果用户认为他们需要自己管理设备的运营(如操作人员和备件储存),而不是使用制造商的产品,那么风险就产生了。而当用户足够成熟,并渴望采用高级服务时,制造商所面临的挑战就是确保有效率且有效益地提供客户需要的各种服务。

第三部分

服务传递系统

在第三部分，我们主要解释高级服务提供中的系统和技术问题，具体分两部分进行。

在第 5 章，我们界定了关键的术语并描述了产品—服务系统的典型结构。然后，分析了镶嵌于企业运作体系中产品—服务系统的关键子系统——服务传递系统，包括其范围及其关键的两种能力。在第 6 章到第 9 章，我们具体分析了高级服务提供中的技术和实践。

服务提供系统

- 生产系统提供产品，产品—服务系统提供高级服务。
- 服务传递系统是制造商运作体系中产品—服务系统的一个子集。
- 服务传递系统明显不同于生产系统。
- 服务传递系统的关键能力包括有效率响应（respond cost effectively）的能力、提升成本管理（improve cost effectiveness）的能力。

保证高级服务成功传递的技术和实践原则

当制造商从纯生产转向运用其产品提供高级服务时：

- 它们会运用基于客户产出的绩效测量方法，这在整个服务传递系统中会呈现多种具体方式，并以具有广泛价值的指标形式表现。

- 它们会开发/采购必要的装备设施，并安置于客户运作的相关环节。
- 它们会扩展自己的责任，除了生产，还涵盖客户活动的广泛范围。具体通过扩展的前台活动加以实现，并结合了全生命周期的设计和生产能力的提升。
- 它们会基于保养、修理和使用的需要升级扩展其信息系统。
- 它们会合理配置前台员工，这些员工具有高度的灵活性、关系处理技能、服务导向，并且态度真诚、技术娴熟和适应力强。
- 它们会基于客户的“痛点”扩展其流程，从而培育很强的组织间关系，并实施对现场产品的条件、使用和布置的主动管理。

5 高级服务的传递

如前面几章所介绍的，我们发现只有当高级服务被有效传递时，它们才能正向影响业务的财务绩效。因此，接下来我们就试图理解这些首先采用服务化的制造商是如何传递服务活动的。我们尤其希望了解这些制造商所采用的实践和技术，这些又与生产运作有多大的差别，以及它们是如何融合成一个完整系统的。

5.1 寻找领先企业的过程

大体上我们的任务非常简单，即找到传递高级服务的不同方式与财务成功之间的关系，还要特别留意这些现象背后的实践和技术。

我们的目标也很简单：收集一组来源广泛、信息可靠的公司实践数据。这样应该就能捕捉到所选制造商提供高级服务的收入和利润，并总结出它们所使用的技术及实践。出于研究完整性考虑，这些数据组也应该包含采用制造服务化失败的情况。

然而，我们再次遇到了在分析收入与利润关系时面临的问题。正如我们在 4.1 节中描述的，财务绩效数据的真实性是要打折扣的，因为：

- 在不同组织中，财务分摊和报告处理方法各不相同；
- 服务导向型战略的具体表现形式各不相同。

我们预先想了一些应对办法,但是真的这么做的时候又出现了第三个问题,而这是我们没有预料到的:虽然独立分销商和紧密合作伙伴是制造商的延伸,但他们获得的收入并未计入制造商的服务收入之中。这些收入很容易被忽视。

到目前为止,我们都把制造商母公司看作“分析单元”。截至目前,我们研究的组织都在同一个屋檐下进行产品生产与服务提供,因此一切都还顺利。但是,这种方法也有局限性,因为它使关注点被局限在特定的组织结构中了。

对卡特彼勒公司的研究帮助我们注意到了这一问题。在这个组织中,服务是通过与自主经销商的密切合作而传递的。只有将卡特彼勒和它的经销商结合起来考虑,才能全面、可靠地洞察其实践和技术。

最后,我们决定采用一种多层过滤的方法继续研究项目。按照这个方法,我们选择有高级服务传递经验的制造商;它们展现出财务上的成功,并且这种成功是可持续的;他们受到实践者和研究团队的尊重,并且在产品创新和流程创新上有明显的举措。我们的选择指标包括财务绩效、创新引用率、登记的专利数以及在商业社群中的声誉。

此外,应留意到从这些组织中延伸出来的供应链,这样可以把目标制造商的客户、合作伙伴和供应商也都纳入分析。通过这些组织,我们将深入分析它们是如何进行高级服务传递的。

这一筛选工作将我们的研究目标锁定在了以下五家公司:劳斯莱斯公司、卡特彼勒公司及其经销商、施乐公司、德国曼集团、阿尔斯通公司。这些都是我们的核心合作公司。我们会对每家公司内部及延伸的供应链做多个案例研究,对上至副总经理、下到现场服务工程师和操作人员进行深入的访谈,并收集有关绩效和操作实践的广义数据。最后,我们把这些公司聚集到一起,通过一系列工作确定我们的研究内容。

然而,就这项研究本身而言,这一过程仍然不够充分。要想获得一般性的结果,我们的研究对象需要扩展到这五个组织以外。因此,我们开始利用两种机制广泛测试我们的发现：

- 进一步组织了9项案例研究。这些制造商也遵从制造服务化战略，但没有像核心合作者那样成熟。这些公司从我们最初的调查工作（见4.1节）中被挖掘出来，并将被用来对比和测试（而不是生成）从核心合作者案例中获得的发现。
- 参与到更广泛的研究和实践者团体中。我们从经理与工程师身上，工作坊、会议和行业论坛中有条不紊地收集了上百份谈话记录和个人简介。我们也向学术会议和期刊投稿，分别得到了这些研究团体为我们的研究贡献的反馈。

这一调研过程持续了5年多时间。在接下来的章节中，我们将呈现这一研究的关键部分，并特别关注在高级服务传递中处于领先地位的制造商们的企业实践和技术。下面首先从总结常规生产活动的典型特征开始。

5.2 制造服务化——与生产相对的观点

制造业的生产活动为制造服务化提供了一个比较的基点。在这一部分，我们从生产活动的关键特征出发，描述传统制造商开始转向服务化的一些转型点。

生产运营其实就是工厂生产的过程：集中化的工厂，追求规模经济和资源的获取，以达到低成本的大规模、高质量生产；人员和设备实现在大型工厂里的聚集，将生产原材料运输进工厂，将成品运输出去。

工厂的规模和位置因制造商是生产大型、复杂且小批量的产品还是大批量的快速消费品而异。需求、劳动力、原材料、距离市场的远近、市场渠道及政府政策等因素也都对其有影响。在实际运营中，低生产成本、高产品质量及较短/可靠的市场响应期（lead-times）解释了很多生产实践和技术。

受到这些因素的驱动，制造商收缩了垂直一体化的范围。现代化的生产工厂的垂直一体化程度明显比先前有所降低。比如,在 20 世纪早期,当亨利·福特着手生产他的 T 型轿车时,他的工厂包含了汽车生产所需的大部分生产过程。在当时,这是确保质量标准的必要方式,有助于将总成本保持在最低水平。在这之后,供应商能力的提高降低了这种广泛的垂直一体化的需要。核心能力等概念已经驱动制造商放弃并废除了原先的这些一体化。不少制造商也已经将部分运营业务外包出去,只保留控制整体成本、质量和传递这三个因素的关键能力。

在生产工厂中的技术也经历了类似的变化。而这些技术依赖于所生产的产品。自动化工厂将覆盖机器人、传送带和自动化装配线,而复杂的航空部件的生产商则更关注机械加工和制造技术。而这些案例再次印证了技术发展的关键驱动力是成本、质量和传递这三个因素。

这一基本原理在生产的计划和控制环节表现得最为明显。用来确保客户需求的复杂信息技术满足了工厂对最小存货量的估算。受欢迎的系统有 MRP Ⅱ 和 ERP。两者都将硬件整合进连接了中央数据库的软件应用中。而这个数据库存储并传输着业务数据和信息,促进了组织内部各业务功能区间的信息流动,管理着与外部利益相关者的联系。

人员仍然是许多生产运营的关键因素。而在不同生产环境中受欢迎的人员类型以及他们通常被指导的方式,则再次反映了成本、质量和传递的需求。举个例子,在 18 世纪后期第一次工业革命时期,一个主要的创新成果就是装配流水线。在流水线上,技能相对较低的人经过训练后可以参与到产品生产中的一个简单任务上来。而在一个环节完成以后,半成品就沿着流水线传到下一个环节的工人手中。通过这种流水线方式,产出量与传统的基于手艺的生产方式相比得到了大幅提升。亨利·福特也因为在汽车生产中的这一“革命运动”而广为人知。

最后,工厂内部的组织流程讲究的都是效率和质量的稳定性。比如,ISO 9000 和 ISO 9001 这两个质量标准的产生,就是为了确保生产流程的顺畅和生产标准的统一。许多这类流程都起于客户订单,而终于产品销售。在这种情况下,客户需要处理一次又一次的交易。而这种流程在处理售后服务等业务时就显得不那么有效率了。

传统的生产运营画面就此展现在我们眼前。在考虑制造服务化的时候,很多制造商是从以下角度出发的:集中的生产设备;集中衡量成本、质量和产品的传递;关注生产计划和控制的系统;追踪销售环节,以及强调效率和人员与过程的一致性(见表 5.1)。同时,在制造商寻求制造服务化战略的时候,这些特征则是非常具有挑战性的起点。

表 5.1 常规生产活动的特征

生产活动的方面	典型特征
总体的关注点	交易销售额;操作的重点放在最小化生产成本、确保质量的一致性及服务传递上。
绩效衡量	关注成本、质量和产品的传递。
设备及其位置分布	集中分配以获得规模经济、自然资源,且最接近市场。
垂直整合	在需要控制成本和质量的地方进行整合。
信息技术	关注原材料供应的计划和控制。
人员配置和技能	员工具有突出的技术能力和分析能力,可靠性高。
业务流程	对售后服务的需求做出回应,具有“英勇复苏”(heroic recovery)的倾向。

5.3 高级服务与产品—服务系统

大部分人对工厂都有比较清晰的理解——一个包含机器和工人的地方,这些机器和工人聚到一起,是为了将原材料转变为产品。尽管这是个简化了的观点,但它确实正确地区分了生产系统和产品。而不幸的是,在服务及其传递方面往往缺少类似的界定和讨论。

到目前为止,我们已经介绍了制造服务化和高级服务。我们也强调了高级服务的特殊性,即专注于为用户传递一种能力。产品—服务系统一词最初来源于斯堪的纳维亚半岛和北欧其他地区(参见本书 2.5 节)。该词最早从持续性视角发展而来,在过去几年逐渐变为专门描述传递高级服务系统的术语。而服务传递系统(service delivery system)是该领域的又一个流行词汇。产品—服务系统可以被理解为由服务传递系统(如制造商的运营)、金融系统(即金融租赁)和供应商系统(即消耗品的供应)三个部分构成。

产品—服务系统支撑了大量的接触点(touch points),而这些接触点共同定义了客户的体验。相比较来说,生产领域的接触点就很少,主要强调的是产品销售的交易。产品销售可以与客户形成更为长期的关系,但这些仅仅是因为交易的不断重复。高级服务将这些接触点延伸到销售之外,贯穿了合同的整个生命周期。接触点从合同产生时开始,存在于与销售人员、技术人员和项目经理的互动中,贯穿于合同执行和服务传递的全过程。

一个典型轨道行业的产品—服务系统如图 5.1 所示。在这个例子中,客户可能是第一集团或伦敦地铁(伦敦地铁北线)等的火车运营商,他们希望通过合同拥有机车车辆的使用权,而不是常规购买其所有权。而阿尔斯通等制造商将会为用户提供和维护这些火车和轨道车辆以及进行必要的支持工作,以确保运营商能够获得合同约定的机车车辆使用权。用户(火车运营商)、制造商和他们的合作伙伴与产品(有时候是指资产)四者之间始终存在互动关系。图中用直线箭头表示出了这些互动。

用户关注的是旅客运送能力。他们需要提供一些资源以使用火车司机、管理人员及乘务人员(互动①)。他们决定火车的需求信息,因此也是他们提供了火车路线调度/计划(互动②)。而用户也享受了这些能力带来的好处。用户通过车票及车上零食等服务,将这些收益转换为财务收入(互动④);而毫无疑问,用户要通过与其商业模式直接相关的测量措施监控这些能力的提供(互动⑤)。监控的指标,如乘客体验到的火车延误的程度等。

制造商不仅提供了火车的设计、制造和安装(互动⑥),还经常要承担火车

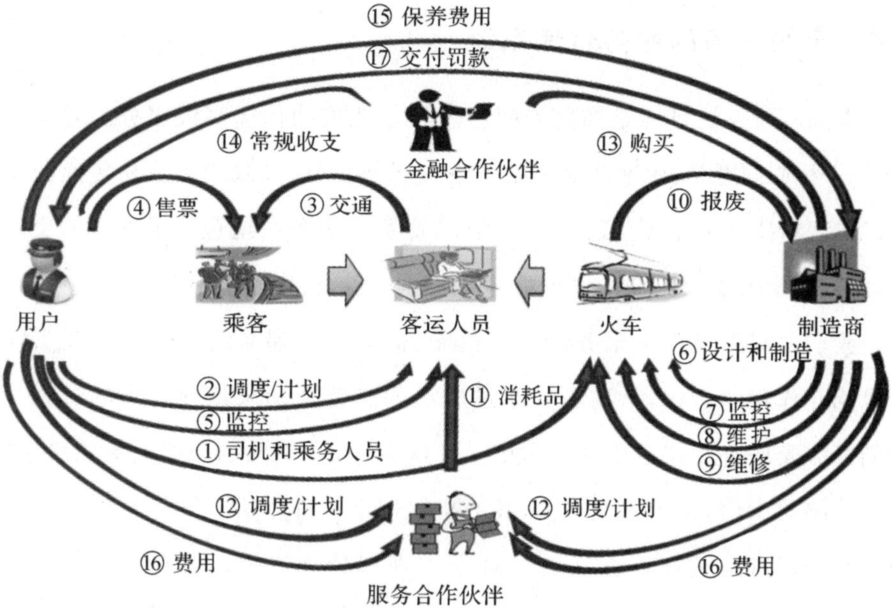

图 5.1　在 PSS 高级服务交付中的主要互动

使用的责任。其结果是，制造商监控火车的表现（互动⑦），负责维护（互动⑧）和维修（互动⑨），从而确保火车的正常使用。如果在合同期内设备需要更换，制造商也将负责处置。

用户和制造商都需要合作伙伴来提供支持服务，尤其在面对能源或餐饮等消耗品（互动⑪）时。而这些支持服务是根据特别安排还是按计划（互动⑫）进行，是由用户负责还是由制造商负责，都取决于所签合同的性质和约定。

财务/金融方面的考量也包含在这个系统之中（见第 3 章表 3.2）。金融合作伙伴提供了购买产品的资金（互动⑬），也获得了相应的固定收益（互动⑭），反映出用户对能力的使用。用户也要向制造商支付一笔类似的固定费用，用于火车的维护（互动⑮）。而如果用户和制造商使用了额外的服务，也需要向他们的合作伙伴支付相应的费用。但是，如果火车头出现任何故障，导致用户运输能力受损，那么制造商需要接受财务方面的惩罚（互动⑰）。

5.4 高级服务的服务传递系统

贯穿本研究的目标是彻底弄明白怎样才能成功传递高级服务。对我们来说,一个核心问题是:保证产品—服务系统运作良好、高级服务成功传递的企业运营实践和技术是什么?如表 5.1 所示,产品—服务系统包含了众多的交互因素,而有些超出了我们研究的范围,如金融合作伙伴的运作流程等。

我们的兴趣点在于服务传递的机制,即服务传递系统。这是企业实践和技术相互作用的产物,是制造商通过广泛的运营活动来传递服务的过程。而我们只涉及服务传递系统这一术语。在这方面,常规的制造商们更熟悉运营、运营战略等术语,为了研究方便,我们也采用了这种用法。

系统观点的重要性在运营管理中体现得较为充分。理查德·舍恩伯格(Richard Schonberger)等在 20 世纪 80 年代早期进行了一项类似的研究,他们深入分析了美国内布拉斯加州林肯市的川崎摩托车厂内的准时生产制。类似地,吉姆·沃马克(Jim Womack)、丹·琼斯(Dan Jones)和丹·鲁斯(Dan Roos)则研究了日本丰田汽车公司的精益生产。这两个研究都将所研究的系统分为了几个分散的部分[如看板(kanban)、改善(kaizen)]①,这样一来,他们就可以把研究发现介绍给更多的读者。当然,其中川崎和丰田等公司创造出了联系很紧密的系统,需要所有因素的共同作用才能实现收益。

我们的研究也采用了类似的做法。我们将制造商提供高级服务所使用的系统分成六个因素,并说明了这样划分的理由。这些因素包括:设备及其定位,微观的垂直整合和供应商关系,信息技术,绩效测量与价值展示,人员配置及其技能,业务流程与联系。当然,这些企业实践和技术需要整合成一个紧密联系的系统才能获得成功(见图 5.2)。而系统以外的因素也会对成功产生影

---

① 看板(日语):指企业为降低原材料或零部件的仓储成本,在需要前才进货的制度。——译者注

响，这些外部因素包括：

- **高级服务的特征。**产品性能良好，但可能不适用于某种情况。一种高级服务可能无法满足用户的需求。无论制造商是否具备特定功能，总有无法胜任的情况。
- **用户和应用情境的特征。**部分用户可能无法按照合同的规定使用产品（或设备）。例如，按小时供能合同是按照飞行器的航线设定的。用户如果不遵守合同的规定，就将受到惩罚；如果用户坚持不按规则来，那么合作关系就会破裂，最终导致合同失效。
- **产品的设计特征。**高级服务可能无法与存在设计缺陷的产品很好地兼容。例如，在服务过程中，如果服务与产品不配套，那么制造商承担的财务负担最终会导致合同的终止。

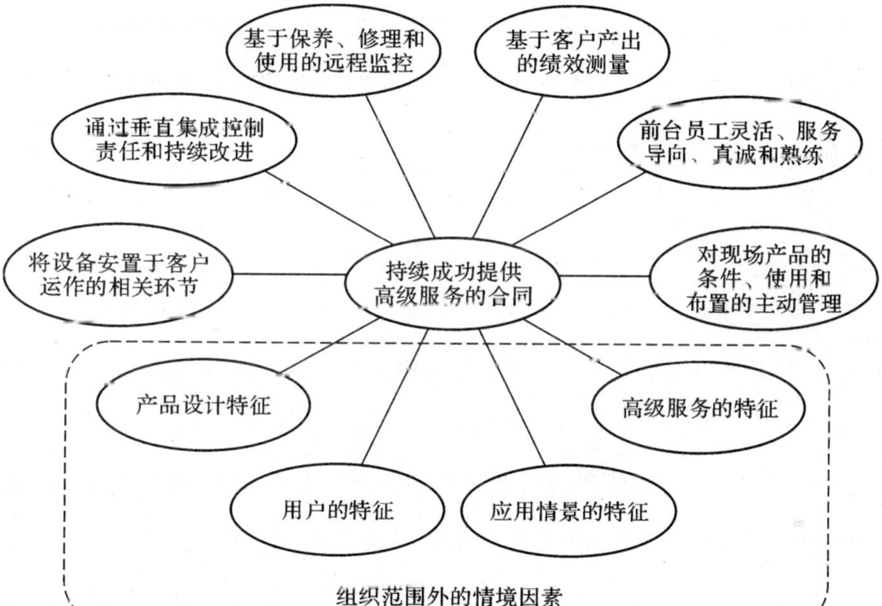

图 5.2　服务传递系统性能的关键因素

5.5 服务传递系统的核心能力

我们在前面部分已经谈到生产系统是如何做到低成本地实现高质量产品的大批量生产的。从另一个角度来看,这些成功的工厂都有支撑其保证质量、成本和产品提供的能力。而它们所采用的实践和技术反映了这些能力。

因此,成功的制造商所采用的企业实践和技术可以用高级服务传递的能力来解释。而这些能力形成了运行服务传递系统的一般性思路。这些在能力和运作思路上表现突出的组织,其绩效表现也可能会更好。

要理解这些能力的本质并不是件容易的事情。研究人员和实际操作者对能力一词的使用比较随意,该词也很容易被用来描述服务传递系统中众多的其他特征。我们的研究极力避免了这一点。我们的目标只是理解运营中的关键能力,这些能力是公司要想获得高级服务业务成功所必不可少的。

随着研究的进行,我们也在不断反思:我们瞄准的能力是否就是企业的核心能力?逐渐地,两种能力浮现了出来:

- 响应成本效益(respond cost effectiveness)的能力;
- 提升成本效益(improve cost effectiveness)的能力。

我们容易理解制造商为什么需要响应用户的能力。因为高级服务合同就是以这些服务业务是否与用户业务直接相关来定义的。如果制造商失败了,那么用户也会失败。

阿尔斯通公司的实践就说明了这种情况。阿尔斯通与维珍公司及后来的第一集团公司的合同都规定,如果阿尔斯通的火车无法正常运转,那么阿尔斯通就会受到惩罚。而用户对服务延迟的容忍也是非常有限的。一旦故障毫无预期地发生,阿尔斯通就需要以最快的速度将人员、系统和零部件安排到位,并将机器运回进行检查和维修。而劳斯莱斯公司与新加坡航空签订的按小时供能合同、施乐公司为菲亚特公司提供的打印服务也是同样道理。它们对用户的响应都必须及时有效。在所有这些例子中，阿尔斯通、劳斯莱斯和施乐公司的高级服务都要盈利。它们都需要用最少的人力、原材料和设备成本履行其合同承诺。

能力又必须得到持续提升。在高级服务合同期内，这些提升可以降低成本，因而可以持续提升盈利能力。产品和流程都可以提升。产品可以重新设计，变得更可靠和更容易维护，出现故障时更方便快速维修。同样，也可以重新设计流程来预防故障的发生，确保快速响应，并降低故障发生时付出的人力和原材料成本。

有意思的是，这种不断提升的能力又反过来可以解释为什么拥有设计和生产专家的组织更适合提供高级服务。因为它们有设计和生产两方面的提升空间，相比纯粹的服务提供商具有更大的优势，比如第三方物流（3rd Party Logistis，3PL）提供商。

第三方物流提供商在供应链管理流程上非常有效率。但是，制造商有必要也有能力摆脱对供应链的依赖。如果某个部件毫无征兆地坏了或过早出现故障，制造商可以换一种设计以降低这种事故再次发生的概率。阿尔斯通将这一过程描述为利用经验的回报（return on experience）。英国西海岸主线的空调部件（参见本书8.4节）就是一个绝佳的例子。

设计方面的提升能够带来巨大的改进。一些阿尔斯通的管理人员预测，他们或许能够从正在进行的产品设计中节约70%的成本。而原本他们只在流程方面进行改进。这不是一个简单的案例，如果没有第三方物流与他的伙伴一起重新设计和重新生产部件，很可能专家就观察不到失败，更谈不上理解其含义。

这种在响应能力和提升能力间的相互作用是这些企业实践和技术背后的共同基石，同时解释了制造商与其他组织的不同点。图5.3的矩阵中四种不同类型的组织就是根据这两种能力的组合而划分的。右上角象限中的组织具有成功传递高级服务的能力，他们掌握了足以回应用户需求的知识和能力，在回应的同时也提升了自身的效率。

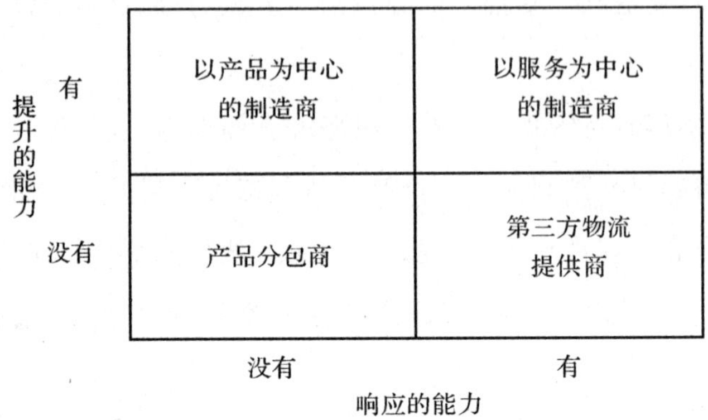

图 5.3　按支持高级服务所需能力划分的组织类型

5.6　本章小结

产品由生产系统生产,高级服务由产品—服务系统传递。本章中,我们创建了关键术语,描述了产品—服务系统的典型结构,并专注于其中负责服务提供的子系统。我们将这个子系统称为服务传递系统。接下来,我们解释了这个系统的范围以及该系统要取得成功所必须具备的两种关键能力。从这个视角,我们分析了成功传递高级服务的制造商们所采用的企业实践和技术。

6 绩效衡量与价值展现

生产过程关注成本、质量和进度。在我们所调研的工厂中，这些方面在交谈、绩效考核表和总体报告流程中都是主要的测量指标。这些指标也在生产运营过程中有所体现，得以解释一些较为明显的生产实践和技术。因此，在对服务化制造商进行的研究中，我们也希望找到类似的测量体系。

一开始，我们认为找到了测量产品（或设备）绩效、可获得性和可靠性的对应指标体系。然而，再一次地，我们发现自己受生产传统的影响如此之深，以至于我们不自觉地去寻找以生产为中心的测量指标，同时还希望每个组织都采用同样的指标。直到最后，我们才意识到服务化的世界如此不同。我们得出的主要原则之一是：

原则 1： 高级服务的成功传递依赖于对用户产出的关注和测量；而用户产出又影响了制造商服务传递系统的其他各个方面；有更多角度的价值评价措施作为补充。

在本章中，我们将展示高级服务采用者中领头羊测量其绩效的方法。从介绍用户所采用的业务流程开始，解释这些流程如何扩展出一组测量指标，并运用到各式各样的运营活动中，随后对各种运营形式做更深入的介绍。

6.1 绩效测量的金字塔

我们的研究显示,在高级服务合同中绩效测量措施可归纳为一个金字塔状结构(见图 6.1)。所有调研公司都在金字塔顶层设置了针对高级服务业务本身的绩效测量措施。从第二层起,指标测量的是运营绩效和能为用户带来的价值。在这部分,我们将对这个金字塔的整体结构做出描述;接下来,将对金字塔各层逐一进行说明。

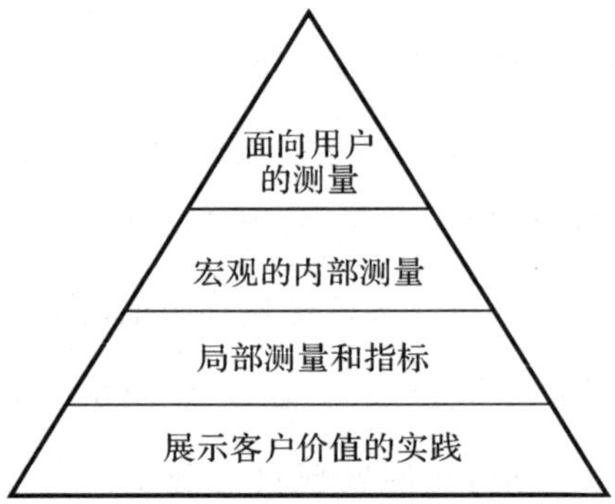

图 6.1　高级服务的绩效测量标准和指标金字塔

在金字塔的顶层测量的是用户的绩效,反映了有高级服务合同支持的用户的业务流程。我们把它定义为面向用户的测量。

面向用户的测量指标处于用户运营与制造商服务运营的交界面或边界线上。以这条交界线为界,用户方面的绩效通过与其自身业务过程直接相关的指标进行测量。而在制造商服务传递系统方面,某个产品—服务系统中的边界位置情况如图 6.2 所示。

随后,制造商服务传递系统中面向用户的测量指标被定义为“宏观的内部测量指标”。在涉及产品(设备)和流程绩效方面,这些指标对制造商的意义更大。例如,如果面向用户的测量指标表示为“火车乘客等待多长时间”,那么宏观的内部测量指标可能就被描述为“火车速度”(设备绩效)和“故障率”(设备

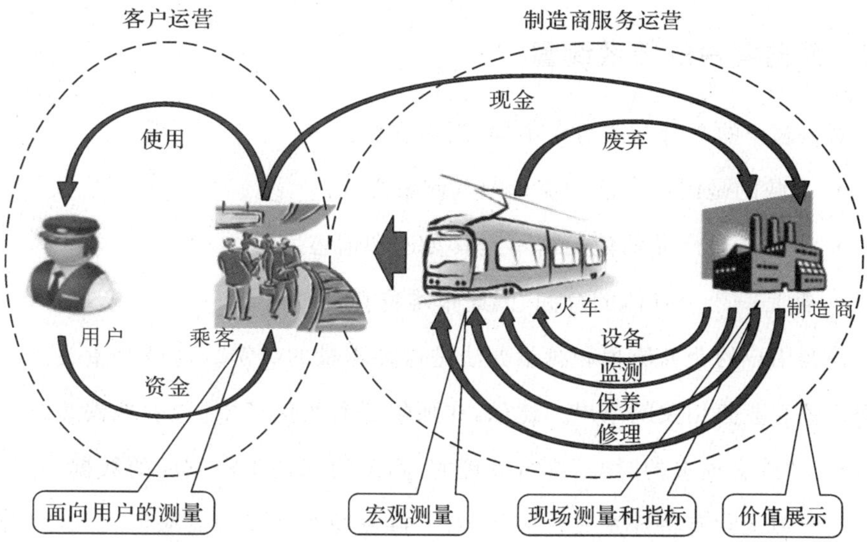

图 6.2 高级服务测量金字塔映射到产品—服务系统

可获得性和可靠性)。

而这些宏观指标又被拆解成测量措施或指标。制造商用这些指标来控制服务传递管理中涉及的所有子系统。比如,制造商会记录在两次保养计划之间火车或飞机所发生的故障次数。又或者,这些维护活动都在标准的次数范围内,那么,制造商可能会计算各次维护活动之间时间间隔的方差(来查看产品质量的稳定性)。

在这些内部测量方法中,又含有一种反映制造商股东所期望的绩效测量方法。股东对投资回报的需求被转换成了低成本传递服务的压力。成本可以用很多方式进行测量,包括所消耗的人力和资源等直接指标,以及反映合同执行效率与效益的管理比率等间接指标。

金字塔的底层则是有助于展现企业价值的一组测量措施。这些相对来说更有弹性和更主观化的指标,有助于向用户传达制造商的能力和成就。这些测量可以以各种各样的方式嵌入制造商服务运营的各个环节。

6.2 面向客户的绩效测量

面向客户的测量方式与众不同,因为它们:

- 反映的是用户自己的流程及其测量方式。
- 关注的是产品的使用而不是其传递和销售过程。
- 都是一个个具体的合同,因此很难将其一般化。

强调用户的业务流程和测量方法是这种测量的关键。这种侧重关注的是与用户核心业务相关的结果。比如,在阿尔斯通的例子中,伦敦地铁北线合同就是基于"乘客损失的时间"进行管理的,测量的都是用户方面的数据,并且对用户的业务运营有特殊意义。例如,对卡特彼勒及其经销商来说,一个对等的合同需要对用户数据进行测量,如"所采的原料(矿石和表土)的吨数"。面向用户进行测量的其他例子可参见表 6.1。

表 6.1 面向用户的测量

高级服务的例子	测量指标	描述
阿尔斯通,伦敦地铁北线	乘客损失的时间	火车延误的程度(分钟)×受影响的乘客数量
车队管理,德国曼公司	行驶的英里数	卡车队所行驶的英里数
合同管理,施乐公司	按复印量收费	按复印量计价
总代管服务,劳斯莱斯公司	按飞行的小时数计算	按引擎工作的小时数计价
MARC 合同,卡特彼勒经销商	按吨数计价	按所开采原料的吨数计价

这些测量指标从合同签订之初就开始计算,将在整个合同期内持续(5年、10 年甚至 20 年或更长时间)。一般来说,这些指标不会再次协商调整,除非有与合同执行有关的严重问题出现,或者为了应对部件陈旧、无法继续维护(需关注设备的使用期限,主要发生在设备的微处理器或硬件上)而对合同条款进行补充。

6.3　绩效的宏观内部测量

制造商承担着管理自身运营以面向用户的测量任务。为了实现这一目标，制造商把这些测量指标拆解成了一组内部测量指标，以便更好地适应用户的产品和业务流程。

与绩效的内部测量指标相比，宏观测量指标在各组织间更加标准化。例如，在高级服务合同下，卡特彼勒经销商、阿尔斯通和德国曼公司都关心车辆的性能表现、可获得性和可靠性。图 6.3 对这些指标做出了形象的解释。

图 6.3 说明了在设备运营的一个简单循环过程中这三类测量指标的含义(在这个例子中是一个 24 小时的循环)。进一步来看，预定的可获得性就是设备/产品可供使用的小时数(在这个例子中是 20 小时)，而余下 4 小时的预定停工时间则留给预定的设备维护。

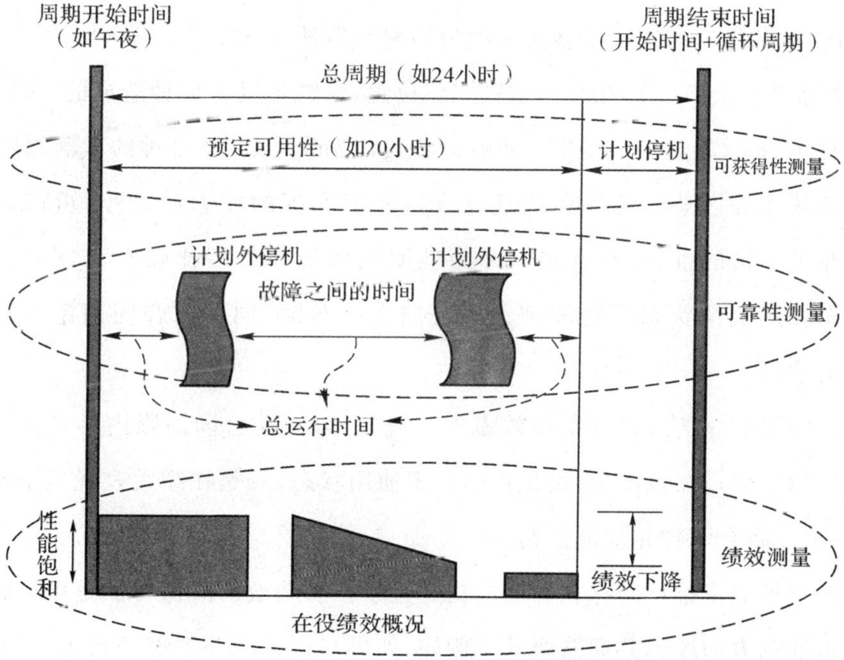

图 6.3　高级服务常用的面向客户的措施

可用性可以反映在设备/产品的数量。例如在阿尔斯通和维珍公司就西海岸主干线所签的合同中，就规定了每天有 47 辆潘多利诺型号的火车头可供使用，并且每天可以使用 18 个小时。然而，可获得性可以是计划中的情况，也可以是实际情况，分别反映了潜在能力和真实水平。

如果说可获得性关注的是随时可用的设备，那么可靠性则是对服务过程中的故障率/意外停工时间的估计，由对设备在原定的工作时间段内出现故障的频率（两次故障之间的时间间隔）和故障的持续时长（计划外的停工）计算而来。

停工时长是指制造商响应设备运作故障及进行必要维修所需要时间的总和。在足够的时间长度基础上，这些指标可由两次故障间隔的平均时长（MTBF）和平均维修时间（MTTR）来综合测量。

停工的持续时间和停工情况出现率都很重要。在伦敦地铁北线的例子中，可靠性通过“乘客损失的时间”来测量。计算这些时间是为了反映地铁在一天的不同时段、在同一个地点发生故障对乘客所带来的不同影响。因为，在工作日上午 8 点 30 分，在某个关键枢纽位置，地铁延迟 5 分钟造成的“乘客损失的时间”要远超过周日晚上 9 点在地铁终点站发生的 30 分钟的车辆延误。

绩效则是指某项设备在预定时段内所能发挥的能力的大小，可以是燃气涡轮发动机的推力（与合同一开始就明确的推力进行比较），又或者是采矿卡车在满负荷状态下行驶到运石公路上的车速（同样与合同商定的速度进行对比）。

前面图 6.3 给出了设备绩效表现的概况，以及在合同期限内设备性能各种可能的变化。在该图中，设备仍然处于使用状态，只是在绩效表现低于预期时，制造商将会承担相应的惩罚。

这三种测量指标间存在明确的交互关系。而绩效的降低可能是可靠性和可获得性两方面原因共同造成的。例如，如果某设备的非关键子系统（如部分空调系统）因出现故障而无法正常工作，那么这就会被理解为不可靠（如果服务部分出现失误)且不可获得(如果一开始就不能正常运行)。类似地,如果某项设备在服务过程中完全没有发挥作用(即存在可靠性问题),那么它同时也是无法使用的。

可获得性、可靠性和绩效三者间的相互关系有助于我们解释高级服务有时又被称为有效性合同的原因。这些关系也有助于我们区分前面所描述的三种失败的模式(见表 6.2)。

对可获得性、可靠性和绩效的测量与实现对用户的承诺直接相关。而履行合同的成本也是一个关键的测量指标,这一指标由制造商执行高级服务合同所消耗的原材料、人力和其他资源相加而来。

表 6.2　与宏观内部绩效测量相关的失败模式

失败的模式	反映出的问题	不包括以下情况
设备不可使用	可获得性	服务过程中出现问题及/或服务表现无法满足预期
设备在服务过程中出现问题	可靠性	设备不可使用及/或服务表现无法满足预期
设备有瑕疵,表现无法满足预期	绩效	设备不可使用及/或在服务过程中出现问题

6.4　绩效的本地内部测量与指标

宏观内部绩效测量又可以细分为一组内部测量指标,用以控制服务传递系统的子过程。这些指标可以看作高级服务合同评估和管理的“仪表板”(dashboard),只是仪表板上显示的数据代表的是履行合同所需时间,以及完成合同和监控异常情况所需成本等指标。

完成服务所需的标准时间和异常情况是非常重要的指标。制造商会特别评估子过程传递服务所需的时间,比如完成一项预先安排的保养服务所需要的时间。这些也定义了子过程的工作量和所需的工作时长。将所有子过程的情况汇总之后,完成一项高级服务所需的全部努力和资源就都能确定下来了。

超出标准时间的异常值则是一项至关重要的指标。因为它不仅仅意味着有更多人力和原材料等资源投入,更意味着制造商承担着可能无法满足有效性标准的更高风险。这些情况都会引起较高的经济惩罚。

这些测量指标可以被进一步解释为与履行合同有关的总效率和效益指标。这些更一般化的指标使得合同间的比较成为可能。而一些特定的比率在我们的案例企业中尤其普遍。

例如,总的设备效率就与设备运作过程中(计划内和计划外)的停机时间有关。停机时间可以按如下公式计算得出。如果故障次数少,则该设备就会被登记为高效。

总的设备效率=[总运行时间/(总运行时间+总停机时间)]×100%

总的设备使用率表示的是与预期相比,设备的实际使用情况。该指标的重要性则受到高级服务形式的影响。而在按使用付费的合同下,用户将尤其希望设备获得较高的使用率,因为使用率和收益直接相关。这一指标计算如下:

总的设备使用率=(运行时间/计划工作时长)×100%

总的设备可获得性可以用类似方法计算得到,表示设备可使用的程度。在这里,高数值也是成功的标志。

总的设备可获得性=(实际工作时长/计划工作时长)×100%

总的保养和维修比例也可以通过类似方式计算得到,含义是确保设备可靠和正常运作所需付出的努力。因此,这也就需要计算设备维护所花费的实际时间(在计划的停机周期内),以及由服务中出现问题所引起的总停机时间。这一数值本身就是回应并修复故障所需时间及维修频率的函数。这可以通过以下公式计算得来,通常数值越低越好。

总的保养和维修比例=f[(计划中设备保养的执行时间+计划外的停机时间)/运行时间]×100%

这四个指标关注的是高级服务的履行情况，而完成服务所消耗的时间和金钱(也即内部效能)可以由其他测量指标计算得出。而最终，这些因素都可以由成本指标反映。

这些主要的测量指标包括保养和维修成本(包含维修中所需消耗的劳动力和原材料)、存货成本(存储零部件和耗材的成本)以及基础设施/间接费用(如设施的租赁成本、管理成本等)。

此外，还包括在设备未能按照合同规定达到预定的绩效、工作时长及稳定性的情况下，制造商受到惩罚的成本。这四类成本共同组成了履行服务合同的总成本。这样就可以将所得收入与成本进行比较，得到合同的毛利或者说合同的总贡献。成本收益的结构可以由以下公式表述：

履行合同的总成本＝f(保养和维修成本＋存货成本＋
基础设施和间接成本＋惩罚成本)

合同的总贡献＝f(总收益－履行合同的总成本)

总的来说，这些测量措施和指标为制造商提供了评估合同履行情况和所付出成本的方式。而在这些有关绩效的实实在在的指标外，还有一些用来向用户展示由高级服务所传递价值的非正式指标。接下来的部分，将重点分析这些指标。

6.5 价值展示

价值的展示是最为重要的环节。高级服务在很多方面都与保险单很相似。用户如果看到制造商的产品性能良好，各项指标都达标，几乎没有迹象显示制造商需要很努力才能确保这一切，那么经过一段时间后，用户就可能会关心通过高级服务合同所能获得的收益了。

然而不幸的是，这些合同本质上意味着制造商的服务活动基本都是不可见的。这一现象由劳斯莱斯公司的一位高级经理简要地概括了："如果用户看不到他们得到的效益,他们就会认为自己什么都没有得到。”因此,这些成功传递高级服务的制造商也同样开发出了一套向用户展示其价值的方法。

这些方法很多都相当巧妙。制造商并没有创造出新的活动,而是将原本就有的活动仔细地呈现在用户面前。这些活动本身都是传递高级服务的决定性因素,而且都是真实状态的呈现,为了确保用户能体会到制造商有多努力地工作。

控制室的情况为我们提供了一个绝好的例子。在项目初期,我们就被邀请参观一间用来管理各项高级服务的控制室(稍后我们将对里面的基本设施做进一步的介绍)。由于在此之前没有在生产环境下见过这些设施,在刚看到一排排电脑、众多工程师和中央显示屏时,我们都有些吃惊。我们仔细观察了现场,向向导提出了很多问题,我们在控制室的参观时间也因此要比其他参观者长一些。

参观完成后,我们意识到控制室没有我们想象中的那么动态,唯一一个自动更新的显示屏显示的也是英国广播公司(British Broadcasting Corporation, BBC)电台的动态新闻。这倒不是说控制室没有发挥它的功能,只是它显得有些“炫耀”的意味。玻璃隔墙、场地的选取以及显示屏的数量都加强了我们的这种印象。

经过这次参观,我们对哪些实践有助于向客户展示价值有了更深的认识。

6.5.1 通过能体现资源投入和复杂性的控制室、作战室和训练室来展现价值

高级服务通过设计良好的控制室或作战室,以及训练有素的维护人员获得收益。在控制室,一线员工可以借助很多信息技术来完成服务,包括反馈设备位置和运行状态的技术、绩效矩阵和时间表,以及进行资源和存货管理的企业资源计划(Enterprise Resource Planning,ERP)系统。

这些场所中的工作人员有项目经理、状态监测技术人员、维护人员以及负责与用户和合作伙伴沟通的人员。劳斯莱斯公司在英国德比的工厂就是个很好的例子。在工厂内，有 3000 台燃气涡轮机受到持续监控，并有详细的日常维护计划。

控制室被用来处理操作中出现的各种问题。作战室的使用更频繁，被用作战术、战略控制和决策的制定。人们认为作战室是度量标准的展示，而不应用来进行日常管理工作，因而对它持有一种偏见。而无论是控制室还是作战室，房间都被设计成开放式的；在配备的大型显示屏上，都有数据流在持续不断地更新；房间由玻璃墙隔开，且都设置在最方便参观者参观的位置。

员工训练设施也可以承担类似角色。我们调研的企业中有一家拥有设备相当精良的训练室，室内配有各种因维护不当而造成设备故障或损坏的实例。这间训练室同样位于参观者通道的入口处附近。当被问及这些设施是否在训练公司员工的同时也训练用户的技术人员，制造商的回答非常明确："不，这是用来震慑他们的！"换句话说，制造商把这些设施作为持续向用户展示自身实力的有效渠道。

6.5.2 通过展示合理组织的维护设施展现能力和价值

许多制造商共同面临的一项挑战是，如何向用户展示他们提供的服务要比用户自己或用户当前的供应商更专业。要拿下仍然是自己提供服务的传统用户群体，这点尤为重要。

这些用户的最终选择会受到他们在制造商维护工厂中所观察到的情况的影响。当看到设备布局得当、维修区域划分清晰、规则意识和操作标准明确、员工规划适宜、存货充足时，用户的顾虑就会消失。

而具有讽刺意味的是，当制造商进入高级服务领域时，他们的一项竞争优势就在于可以通过自身的生产能力降低库存。然而，有经验的用户如果看到制造商有足够的存货且存放得当,就会减少对制造商的疑虑,制造商也能以此展示自身的价值。

当能够清晰呈现零部件和消耗品的品牌和来源的时候,制造商的价值就得到了进一步展现。在我们调研的一家企业的备件仓库中,他们在进行包装时,制造商自有品牌的部件被安排在最显眼的地方(如润滑油过滤器、液压油鼓等),也最容易被前来参观的人观察到。

6.5.3 通过定期沟通来展现价值

许多调研企业都与其用户保持定期联系,以告知用户(下游制造商)进行了哪些活动。制造商用一些技巧将自己和用户方的人员联系在了一起。例如,美国的罗克韦尔公司会定期向用户发送维护报告,发送出报告后还会进行礼节性的电话联系。

卡特彼勒的经销商们很好地诠释了这种技巧。在进行运矿卡车的例行维护时,现场的维护技术人员总是会早早地到达约定地点,与装备运营商见面。他们会谈谈设备的日常运行表现,以及可能出现的任何故障或问题。技术人员的这种做法,不仅有助于及早得到有关设备的任何情况的预警,还有助于向用户展示其提供服务的各项资源。如果没有这些行动,运营商很可能就看不到现场技术人员的工作和表现。

6.5.4 通过精心策划设施基地的参观活动来展现价值

在研究过程中,我们参观了很多提供高级服务的工厂和车间。在几次参观过后,我们意识到这些参观活动都遵循类似的规律。倒不是说我们被人愚弄了,而是制造商已经知道如果参观活动按照特定线路进行安排,能给参观者留下最深刻的印象。随着项目的继续,我们记录了制造商们通常遵循的做法(见表 6.3)。

表 6.3　展现运营价值的通用实践

主　题	策　略	典型实践
到达及接待	通过将参观者自然而然地引至参观点和接待处，让参观者留下对设施和品牌良好的第一印象	1. 提供参观点和接待处的清晰引导； 2. 提升周边景观和入口处的设计，刻画品牌形象； 3. 提供充足的停车位； 4. 考虑参观者可能乘坐大巴车前来，因此要确保道路畅通； 5. 在接待区域展示公司产品及发展史。
健康及安全简报	通过健康及安全简报展示制造商的正面形象	1. 在健康及安全简报中体现安全性和业务价值； 2. 提供印有公司标识的高辨识度 T 恤和防护眼镜； 3. 确保安全标识也带有公司的标识。
介绍制造商所扮演的角色	介绍制造商在用户业务中扮演的角色	1. 使用视频、互动式展示和展览； 2. 展现公司历史，将公司的发展故事划分成不同阶段，便于理解； 3. 传递与公司当前和未来产品及服务策略一致的信息。
引导参观者	在参观地点设计一条计划合理、引导有方、精细化管理的参观路线	1. 制定一条首选的参观线路； 2. 配置经验丰富、热情洋溢的导游进行讲解； 3. 确保参观者有沟通辅助工具的支持； 4. 避免不整洁或可能存在危险的区域； 5. 制定适宜参观的时间段； 6. 确保参观路线高标准的清洁环境； 7. 确认视觉辅助工具和绩效测量显示板都有及时更新。
展现技术和实践	仔细呈现体现品牌价值且令人振奋的生产流程	1. 强调支持品牌认知度的流程； 2. 凸显值得怀念的公司技术及做法； 3. 只展示与品牌价值一致的活动。
员工面貌的呈现	营造与品牌价值一致的员工面貌	1. 提供公司的统一制服，体现品牌的专业性； 2. 确保员工与参观者接触时彬彬有礼； 3. 通过服饰提高员工的辨识度。（如高辨识度的 T 恤等）

续表

主　题	策　略	典型实践
工作环境的呈现	展示巧妙包含品牌、干净又有序的工作环境	1.在生产环境中采用公司的主题色及图标; 2.保障生产环境干净、组织有序; 3.强调(员工)对周围环境的保护。
产品及部件的配置	充分利用产品的摆放,体现公司品牌	1.在参观的开始和结尾处都安放产品的成品或部件; 2.在故事墙嵌入公司的半成品; 3.提供产品样品。
参观结束,离开	确保参观者离开时"将品牌带回家"	1.为参观者准备纪念品,让他们对这次参观有更长久的记忆; 2.开设纪念品商店,以便参观者购买纪念品。

6.6　本章小结

对绩效的测量解释了高级服务制造商所采用的显性化的实践和技术。本章具体介绍了高级服务的绩效测量金字塔。金字塔的顶端是高级服务所包含的与用户流程直接相关的测量指标。金字塔中部的指标是贯穿服务传递系统,有助于控制和评估制造商效率和效益的指标体系。位于金字塔基座的指标则是一组更加主观的数据,用来向用户展现与提供高级服务相关的活动的复杂性和所投入的资源。在有了以上基本介绍之后,接下来,我们将更详细地介绍提供高级服务的制造商们所共有的实践做法和技术支持。

7 设施及其布局定位

我们总把工厂设施的布局当作理所当然的。从生产设备旁经过时,我们很少会停下脚步提出疑问:“为什么这个东西放在这里?”只有当开始探讨离岸外包以降低劳动力成本时,管理人员才开始反思工厂规模和布局定位的问题。

而如果工厂已经建在某处有段时间了,或工厂的所有权发生了转移,那么建厂的初衷也就丧失了。当然,对每个案例工厂来说,在某个特定时间点,建厂选址都有其考虑和说法。

有时候,这些建厂选址的理由是出人意料的。例如,宝马公司的迷你轿车就是在英国牛津的高里工厂生产的。这家工厂为什么会把地址定在这里呢?因为这座工厂之前属于路虎公司,而在路虎之前,它是英国利兰汽车公司的工厂。而追溯到源头,这家工厂属于莫里斯公司,之所以选择在这里建立工厂,只是因为牛津是莫里斯公司创始人威廉·莫里斯的家乡。

当然,许多生产工厂的选址都是基于实践的考虑。就像我们之前描述的,建厂的一般做法是选择一个中心位置,把人员、设备和原料聚集在一起,充分利用资源,实现规模经济。简单来说,生产的世界就变成以低成本产出大批高质量产品的大型集中式工厂。

那么,制造服务化对制造商的设施有影响吗?在我们研究劳斯莱斯、阿尔斯通、德国曼集团、卡特彼勒(及其经销商)和施乐公司期间,这个问题是我们研究的核心。我们对宏观层面的情况非常感兴趣(之后我们会分析如控制中心等新的资源）。我们希望弄明白组织在关注高级服务提供时，工厂的选择、规模和数量是否也会有所变化。

我们一开始就注意到，这些问题的解答会比较复杂，也注意到一些历史因素（如宝马公司）可以解释部分公司的实践活动。同样地，部分制造商（如劳斯莱斯公司）会同时提供服务和常规的产品销售。而这些设备制造商从事自主生产和承接外包业务的程度也会影响我们所观察的生产实践。

随着我们的项目接近尾声，所寻找的答案也逐渐明朗：起作用的并不是大型集中式工厂，而是下面的这条原则：

原则 2：高级服务的成功传递依赖于在用户运营流程各个阶段布置各类工厂。

本章将说明工厂选址和布局的做法，解释这种做法如此受欢迎的原因，并总结可能的影响因素。

7.1 高级服务传递过程中的设施

制造商一旦开始提供高级服务，他们的设施就不可避免地会受到影响，更小规模的工厂开始开设到用户企业附近。图 7.1 描述了这种变化的简化形式。

图 7.1 中的(a)图展现的是纯生产领域的图景——在集中化的生产工厂中，产品向用户传递。而(b)图展示的是，为了传递高级服务，制造商将服务业务设在用户企业附近的情景。

劳斯莱斯公司就以实际行动印证了这种做法。它们以“按小时供能”方式进军民用航空领域的举动，需要他们在得克萨斯、中国香港和新加坡采用合资的方式组建、维护和维修工厂。每一家工厂的选址对特定用户来说都有重要的战略意义。类似地，卡特彼勒公司具有覆盖范围广泛的经销商网

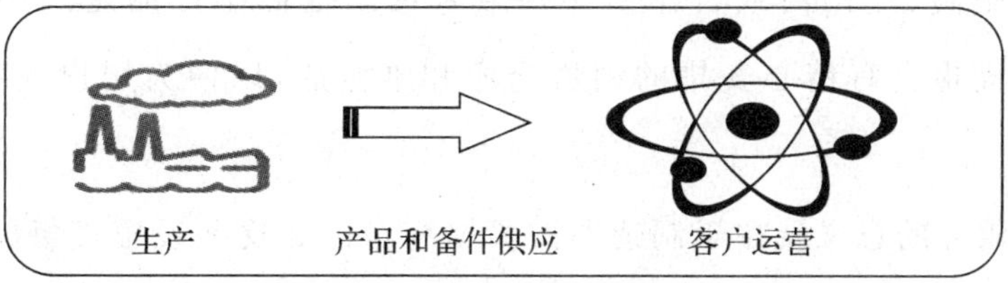

(a) 集中生产设施下的生产运营支持

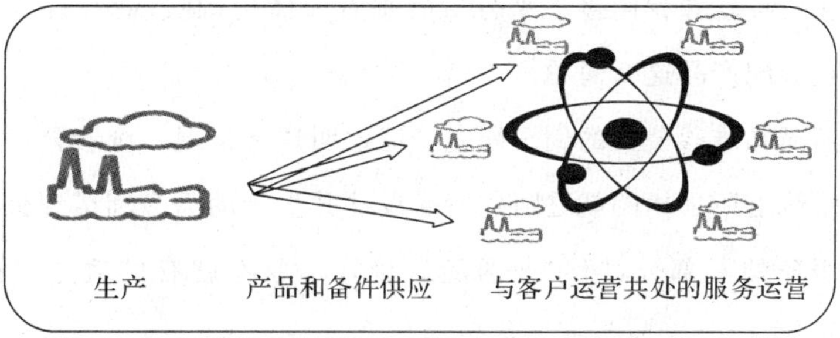

(b) 制造商开发（或采用）与客户运营共处的服务运营

图 7.1 高级服务传递过程中的设施

络，而这些经销商们自己就会在用户附近配置存储仓库，以及时满足用户的需求。德国曼集团的情况大致相同，它们也把工厂设立在离主要用户较近的位置。例如在伦敦，工厂就设置在距离用户（车辆运营商）方圆 10 英里之内。

这些分散在用户周围、用来支持高级服务的工厂与集中化的生产工厂互为补充，而后者主要负责产品的设计和生产。这样的组合和安排较为复杂，且具有以下特征：

- 按照常规方式销售的产品由集中化的工厂进行生产。
- 作为高级服务基础构成的产品也由集中化的工厂进行生产。
- 包含产品的高级服务由用户周边的这些分散型工厂提供。

因此，高级服务并不意味着不再需要集中化的工厂，而是仅凭集中化的工厂不足以完成高级服务的传递，设在用户周围的设施也同样重要。

这种分布—集中式的工厂设计在服务业务中并不少见。大多数制造商都由其分销商、经销商或合作伙伴网络来帮助他们把产品送到用户手中。这些分销商也会有精心安排的销售仓库和维修店,以便为用户提供产品和服务。

高级服务的意义就在于制造商需要提高自己在这些设施现场的出镜率。直白地说,制造商需要在现场才能传递高级服务,也才能够收获高级服务所带来的全部收益!就像我们接下来分析的垂直一体化,制造商在这些工厂中所做的远不止分配产品这么简单。

阿尔斯通和维珍公司的例子能完美地说明这一情况。维珍公司在英国西海岸铁路干线上所采用的就是阿尔斯通设计并生产的潘多利诺型机车。作为这项高级服务的一部分,阿尔斯通随后接管了原本就有的轨旁维护和设备维修。

最后,要把对生产设备的讨论从垂直一体化主题中解构出来并不容易。制造商通过制造服务化进入供应链的前端,接管之前由用户进行的生产活动,也由此按照用户的运营流程对设备进行调整改造。然而,为了便于描述,我们对设备和垂直一体化加以区分,当然也因为这两者是相互独立的决策。制造商可以采用集中化工厂的形式提供高级服务,或者也可以采用分散式工厂方式进行制造业的服务化转型。在本书第 8 章中将回过头来描述垂直一体化实践。

7.2 设施及其地理位置的影响

分散在用户周边、规模更小的设备会抵消集中化工厂的规模效应,那它为什么还有这个必要呢? 道理很简单,物理距离越近,对用户的响应能力越强。图 7.2 通过展示设施的布局情况与高级服务业务内部绩效的关系,说明了制造商的选择过程(见本书 6.1 节)。具体关系如下。

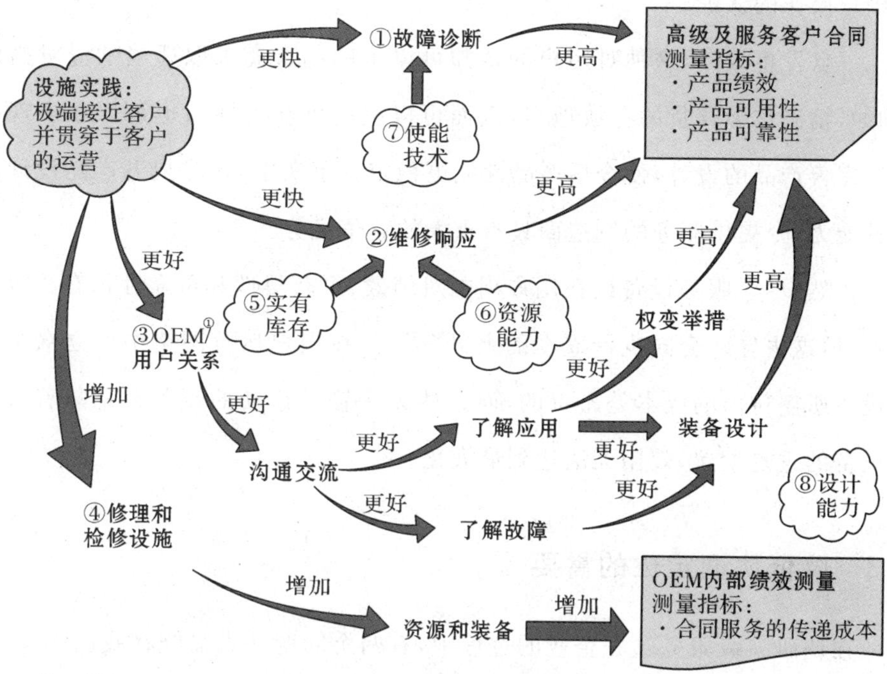

注：①OEM(Original Equipment Manufacture)，原始设备制造商。

图 7.2　设施实践与宏观内部绩效测量之间的关系

本地化的设施对故障诊断率和维修的速度会产生影响（图 7.2 中①和②）。因为本地化的设备会直接影响产品的可获得性，也会因此带来更快的故障诊断和问题响应速度。由于问题产生时可以及时联系上相关人员，负责人员甚至可以目睹问题的产生，处理起来显然会更快、更准确。

实践中的例子如卡特彼勒的经销商，他们在用户的大型矿井现场为运矿卡车配备维护人员和关键零部件。同样，阿尔斯通公司通过安全库存、轨旁维护和车站头尾两端的维修设备来保障它在伦敦地铁北线的服务。

维护设备离用户越近，用户体验到的产品可靠性就越高。而这种对产品的认识和依赖主要是通过日复一日的日常运营中制造商和用户之间建立起来的强关系而产生的（③）。这种日常的互动正是良好沟通的关键，因为这种联系使得制造商可以亲眼看到设备的应用，加深他们对设备及其应用的理解和对用户操作的认识。

一旦发生故障,这种对用户的认知可以帮助制造商采取适当的应对措施(例如,精确掌握存货的存放地点,因而可以提高可获得性),也可以在出现问题后完善产品的设计,使今后产品性能更稳定。事实上,正是提升产品设计的这种能力,令提供服务的制造商具有重大的竞争优势。

当然,尽管服务设备设在用户周围对绩效、可获得性和可靠性都有积极的影响,但这也导致合同执行成本的上升(④)。在用户运营网络中设立众多服务设备所需付出的成本是昂贵的,而这些无法轻易移动的设备也意味着人力和设备的重复配置,效用无法达到最大化。

7.3 降低协调定位的需要

在调研高级服务领先企业的过程中,有两个问题一直盘绕在我们心头:制造商真的必须待在客户那儿吗?能离得远一点来提供服务么?如果能远一点的话,他们就可以多少获得一些与生产有关的规模经济了。在完成这一项目之后,我们得出结论,制造商其实也可以通过较近的地理距离获得规模经济,尽管只是部分的规模经济。

对设备集中化的需要因服务传递系统中其他的实践活动和技术而弱化了。如图 7.2 所示,最大的改变是库存政策(⑤)、获得资源的能力(⑥)、远程监测技术与能力(⑦)以及设计能力(⑧)。这些因素在许多方面都深刻影响着设备的安排与操作实践。

充足储备的库存和能力可以部分弥补更远地区的设备。而如果采用的是集中化的方式,在分销渠道良好的情况下,替换下来的部件和消耗品也可以被运输到需要的地点。

设备运作出现问题之前,信息技术(见第 9 章)能够为制造商提供预警。这可以为人员和设备预留出赶赴现场的时间。类似地,信息技术可以帮助诊断故障的原因、远程更换子系统或为操作人员提供补充意见，以此为远程维修提供便利。

装备的设计也是一个关键因素。规模更小、成本更低的模块化设计意味着技术人员有可能替换故障模块而不用在现场进行维修。而这些故障模块会返回制造工厂进行详细检查。类似地，自我修复技术和库存系统也都可以保障设备的正常运转，直至到达维修工厂。

然而，这些技术和实践只能部分缓解对集中式设备的需求，究其原因，一方面信息技术（见第 9 章）自身具有局限性；另一方面，用户也希望通过这类“价值展示”，更直观地看到制造商的价值。

正如上文所描述的，从某种意义上来说，价值的展示是一种主观行为。以这些设备及设施为例，用户方总是预期制造商拥有提供产品与服务的设备及设施。这些设施离用户越近——尤其是在设备包含关键零部件的情况下——则表明制造商响应用户的能力越强。同理，人际关系也非常重要。实际上，一些公司“把现场技术人员看作是公司最佳的销售人员”。因为这些一线技术人员可以当场处理出现的各种问题，防止问题升级。

物理呈现也有利于提高用户的转换成本。“因为设备就在那儿”，制造商可以因此获得更多业务。劳斯莱斯公司就是一个很好的例子，它通过这种方式与世界各地的核心用户建立了合资公司。安装这类设备相当昂贵，但是一旦建立起来，这就是与当地新老用户开展业务往来的最佳平台。

7.4 本章小结

本章探讨了高级服务业务对制造商的设备分布位置、规模及数量的影响。沿着用户的运作流程设置分布式的设备对制造商来说必然有风险和压力。而存货政策、资源能力、信息技术以及设计规划，也部分抵消了分散分布设备的需要。然而，无论制造商在管理水平方面有多先进，价值展示的压力意味着在用户运营流程上设立有形的呈现方式从长远来看确定是需要的。

8 纵向整合与组织结构

提供高级服务还有另一层含义，即制造商向供应链两端移动，提供原本由客户或合作伙伴提供的服务。从这个角度来说，制造服务化与纵向整合这两个主题紧密耦合。然而，用户与制造商边界的变化只是部分解释了制造服务化对制造商纵向整合的影响。

为简化起见，本章用纵向整合一词来概括制造商所从事的各项活动。严格来说，纵向整合一词通常与获得供应链中业务的所有权有关，并不用于所有权各自独立的单个组织之间的活动。鉴于如过程跨度（span of process）、战略定位、竞争空间和微纵向整合（micro-vertical integration）等术语都与制造服务化活动相似，因此，我们认为可以用纵向整合这一术语。

随着研究的推进，我们观察到随着制造商向服务化转型，各项生产设备也随之更换，有些过去由客户自己完成的活动现在也转而由制造商承担。不过，制造商进行服务化运作的完整图景还不明朗。我们希望理解这些生产设备所包含的全部功能，以及制造商能从这些服务活动中得到的竞争力。同时，我们也想理解制造商组织结构的相应调整，以及如果制造商同时从事传统产品的销售和生产，会对这些服务活动产生怎样影响。

原则 3 体现了我们的研究发现和理解：

原则 3: 高级服务的成功传递源自于制造商把大量的客户活动整合到产品的生产过程中。这种整合是通过增加与客户的接触,为客户提供原本需由他们自己完成的服务活动,并确保在产品的整个生命周期内有充足的设计和生产能力支持来实现的。

本章将具体介绍服务传递的实现过程,解释其受欢迎的原因,并归纳影响实践结果的各项因素。

8.1 高级服务传递中的组织结构

我们的分析仍然以产品生产为起点。生产导向型设备的组织结构受到目标客户的影响,如果目标客户也是企业,采用的就是 B2B 模式,即制造商直接与其他企业进行交易;如果目标客户直接面向终端用户,那么就是 B2C 模式。在 B2C 模式下,制造商很可能会利用分销商来影响最终消费者,而在 B2B 模式下,制造商的影响更加直接。

当然,在这两种情形下,都可能会有销售部门以某种形式负责处理与客户的日常互动。这种责任部门通常是前台部门。而后勤部门主要负责公司的运营,包括设计、研发、生产及其他客户无法直接接触到的人员。

传统的制造企业前台活动相对有限,一般包括市场营销及推广,销售订单处理和客户咨询受理(主要处理新设备、新部件或备件的)及销售。生产部门主要负责订单的生产;而用户则负责设备的使用,在设备运转出现问题时,用户需要自己修理。

图 8.1 总结了这种传统制造企业的组织结构。这张图只是简单展示了典型的生产导向型制造商的组织架构,大部分制造企业的实际情况当然要比这张图更复杂。

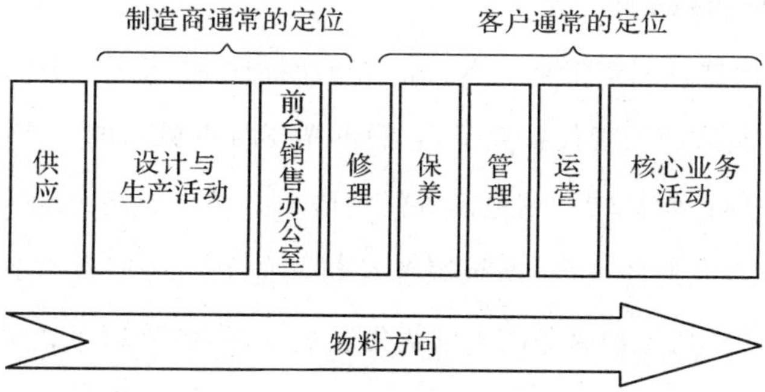

图 8.1 以生产为中心的制造商及其客户的职能定位

图 8.2 显示，通过提供高级服务业务，制造商接管了用户的部分操作。前台活动延伸到修理、保养、管理领域，甚至是设备的运营服务。这些活动通常需要制造商在用户所在地附近设立设备供应点，具体内容本书已做了介绍，这里不再详述。

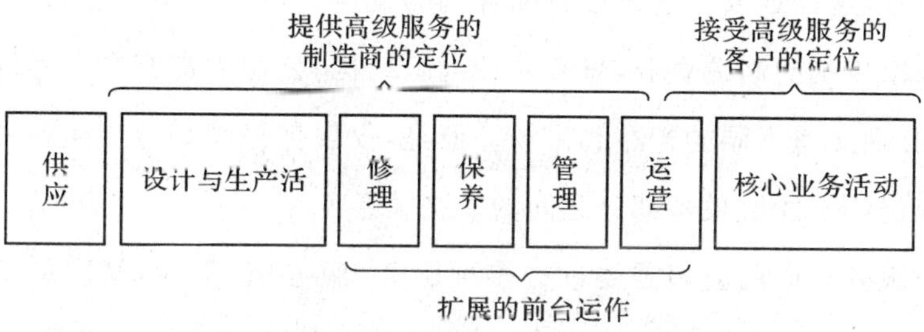

图 8.2 提供高级服务的制造商及其客户的定位

阿尔斯通公司的例子很好地说明了这种组织结构再调整的实现过程。在西海岸主干线被英国维珍公司接管之前，英国铁路公司是这条主干线的火车运营商，并且由英国铁路公司自己承担延伸出来的前台服务业务（见图 8.2）。在这项业务由维珍公司接管后，这些运营服务转由阿尔斯通公司负责，而后者也很快接管了这条铁路网线沿线 5 座城市的线路维护工作（track-side operation）。这些城市包括伍尔弗汉普顿、格拉斯哥、曼彻斯特、利物浦和温布利。通过这种任务分配方式，维珍公司得以专注于它的核心业务，如市场营销、车票销售和列车维护等。

组织结构的这种调整带来了本书 3.3 节所描述的“组织拉伸”(organizational stretch)现象。制造商的责任扩大了,它们不光要负责原本的生产任务,现在还需要保障设备的正常运转。制造商责任的增加必然会提高组织内部的复杂程度。因为对许多制造商来说,高级服务是与其他类型的服务一起提供给用户的,当组织尝试平衡各种服务的不同优先级顺序时,各项服务活动间的紧张关系就凸显出来了。

如果这时候制造商仍然维持传统的生产和销售模式(基础服务),就会产生无法调和的冲突。而用户对高级服务也抱有不同的期望值,因此在产品生产和服务传递两大职责间的紧张关系也会凸显。这就催生了组织内部结构的分裂,形成了两个相互独立的业务部门。

在新的组织结构中,一部分以生产为导向,另一部分则以服务为导向。仅从外部来看,这种划分似乎很难分配各自的责任。以劳斯莱斯公司为例,一开始这是一家传统的制造企业,只有一种组织结构,公司内部存在着不同类型的子业务,分别支持不同的产品和市场。但是,仅仅把组织划分成生产和服务这两大部分仍然不能解决各部分之间的紧张关系。

而当服务导向的公司需要进行多项服务(服务组合)时,情况就更加复杂了。在高级服务之外,公司还需专注于如维修和整机检查等中级服务,以及产品销售和分销等基础服务。尽管支撑这些服务的基础活动可能有相似之处,但这些服务活动分属于不同的优先级,还是会导致组织内部的关系紧张。为了应对这种情况,服务提供部门为每种类型的服务业务组建了服务小组,并通过矩阵式组织结构来协调各小组的服务活动。

图 8.3 描绘了提供服务组合业务的典型组织运作模式。箭头的宽度代表了基础服务、中级服务和高级服务的优先级顺序。在生产领域,大量活动主要用于基础产品的设计和生产,部件和备件的生产只占了很小一部分。而对服务部门来说,设备的销售也不是他们的重点。不论是作为基础服务单独销售,

还是维护和维修服务中的消耗,零部件对服务部门来说更重要。而高级服务只占到所有服务活动的一小部分。

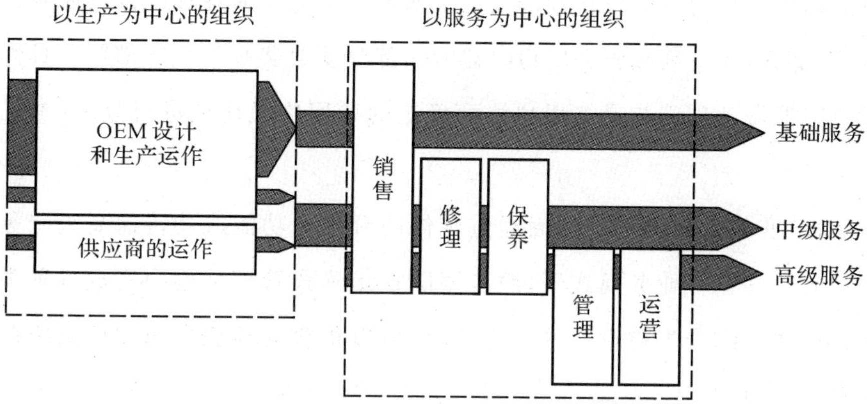

图 8.3 组织结构和服务化业务

注:不同的箭头宽度代表两种组织内服务的重要性。

如果服务导向型组织只是按照销售收入进行组织重构,那么矛盾仍然会出现。比如,来自基础服务的收入可能占比较小,尤其在为获得服务收益而将某项产品打折出售的情况下,销售收入占比更低。这种情况会使服务组织的盈利水平比生产部门高出很多。这时如果收入占比情况被用来划分投资优先级,收入上的差距效应就被放大了。事实上,这会导致产品的设计和制造环节不再受到重视,而组织也会逐渐把这些活动外包出去。

当生产和服务都是独立的经营主体时,这种矛盾关系最突出。卡特彼勒公司及其经销商们就面临着这种情况。卡特彼勒公司的收入大部分来自于其经销商销售产品、部件及耗材。当经销商提供高级服务业务时,卡特彼勒公司仍然可以通过高级服务的过程中的基础服务消耗获得利润。然而,因为高级服务的提供方——经销商们希望尽可能降低服务成本,获得更高收益,所以他们会希望降低基础服务的价格,这样就可能会影响卡特彼勒公司的收入。

以合作伙伴关系传递高级服务是确保各方都能获利的一种解决思路。这一思路包括生产公司角色的重新定位以及服务组织收入模式的调整。如果生产部门在设计能力上有所提升,并且能确保产品(过程)与高级服务的完美结合,那么,生产部门就能获得额外收益。如果产品的可靠性和维修的便利性有所提升,那么,提供高级服务所得收益的一部分就会奖励给生产部门。具体的金额则按照服务部门与最终用户协商确定的费用构成比例进行分配(参见本书 3.4 节)。

由此,我们就得到了制造商通过延伸前台服务功能成功传递高级服务的完整过程。在这种业务模式下,服务团队在矩阵式管理结构中完成各种类型服务的提供。结合先前章节的讨论,我们可以很容易地想象出这些高级服务活动的实现过程。

8.2 高级服务传递中的纵向整合

在了解案例企业服务运作的过程中,我们并没有把设计及制造能力包括在内。或许是受到生产领域背景知识的影响,我们认为这些生产过程就和汽车经销店的模式一样,有销售人员、技术维护人员,也有维修能力。然而,我们在每一个案例中都观察到了支持高级服务实施(deployment)的迷你工厂。

阿尔斯通公司的火车日常服务和卡特彼勒经销商的例子可以很好地说明这一现象。阿尔斯通公司设在西海岸主干线的工厂拥有翻新和再造潘多利诺列车空调设备的能力。类似地,卡特彼勒的经销商也可以设计和生产这种空调设备,这有助于确保特定应用设备的适用性。注意到生产能力的这种双边配置和保障后,我们开始好奇,并想要探寻服务提供的过程。

从一开始,我们就选择了现有的这些制造商,因为根据我们的定义,拥有设计和生产许可的公司都是制造企业。因此,出乎我们意料的不是这些组织拥有这些能力,而是它们都把业务范围扩展到了服务领域。图 8.4 描绘了高级服务提供过程中涉及的各个环节。

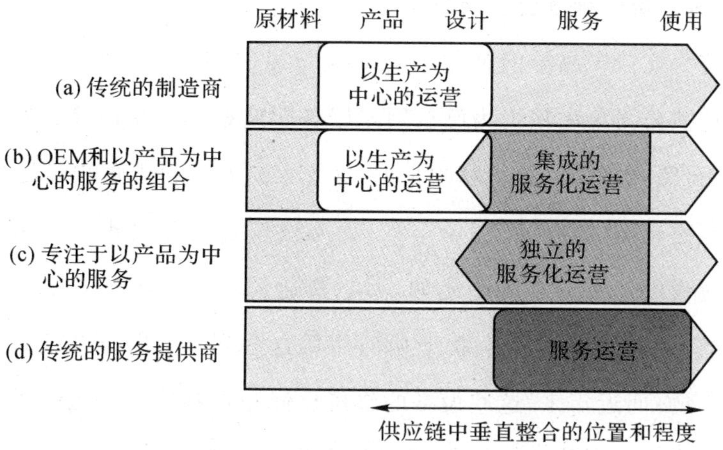

图 8.4　提供高级服务的垂直整合做法

图 8.4(a)展现的是生产导向型的传统制造商，这类制造商主要拥有价值链上的产品设计和生产能力。它们通常也会提供零部件等基础服务，但主要是在正常的生产过程中提供，并通过相对独立的经销商和分销商网络交付给用户。

这种模式在汽车行业较为常见，如作为制造商的日本丰田汽车公司和德国奥迪汽车公司，它们都有自己的分销商网络。这些分销商首先是传统服务活动的提供商，同时也为制造商提供市场渠道[见图 8.4 的(d)]。这些分销商通常都十分专注于服务活动，比如产品展示、产品演示及销售活动。

制造服务化的纵向整合程度在一定程度上受到主体组织结构的影响。例如劳斯莱斯航空公司在成立之初就已经拥有广泛的纵向整合。而这主要是因为公司同时涉足原始设备制造(OEM)和产品导向型服务两个方面，后者如维护修理服务和整机检修服务[见图 8.4(b)]。

在图 8.4 中，设计环节和生产环节的三角形表示了后向整合的情况[见图中的(b)和(c)]。甚至当一家公司同时存在传统的制造模式和产品导向型服务化模式时，这种整合仍然存在(例如劳斯莱斯公司)。在这种情况下，整合得较紧密，当然也存在一些重复性的活动。例如，这类组织都拥有组装和设备检测功能。不过，随着部分活动在组织内共享以及大型组织在供应链上的强大影响力，这种渗透的程度已有所减弱。

在这些为支持产品导向型服务化而进行纵向整合的案例公司中，更常见的做法是这些公司集中精力为已有用户服务。这就在产品设计和生产环节留了条尾巴[见图 8.4 的(c)]。总的来说，这大大扩展了制造商的运营业务。

这条尾巴是制造商们特意留下的，而不仅仅是运营模式从产品导向型转向服务化过程中遗留下来的。比如，阿尔斯通公司的火车日常服务就是有意为之的产物。从历史上看，自动门、咖啡机等这些列车上的子系统都是由外部供应商生产的；而近年来，这些设备的整机检修和再制造工作已经被整合到阿尔斯通公司内部。尽管这些设备的生产规模没法与外部供应商的生产规模相比，但制造企业内部还是为这些子系统的设计和生产配备了较强的技术团队。对这种做法的一种解释：这是制造商与供应商之间合同关系的内在要求，并且这种合作关系值得进一步探索。

在只进行产品生产的领域，制造商与供应商之间的关系通常在产品设计的早期阶段就已建立。识别供应商的依据是其生产能力和所需的生产成本。采购过程是基于所签订的“交易”合同进行的。在这种模式下，对部件和耗材的终身服务就不如维持更长期的供应关系更有保障。实际上，这是供应商的重要收入来源。但是，在传统的生产模式下，只存在交易型合同。

高级服务合同所涉及生命周期就要长许多了，合同的类型也从原本的交易型合同转变为与用户的“关系”型合同。而用户方面也开始寻求与供应商建立新型的合同关系。因此，原来交易型合同与新型合同关系间的矛盾就产生了。①

阿尔斯通公司的经历反映了这一矛盾的现实情况。在潘多利诺列车刚开始设计和建造的时候，列车上的空调设备由一家来自奥地利的供应商提供。这家供应商一旦开始供应零部件，交易合同即开始履行。然而，在这些列车正

① 本套“世界制造服务化译丛”中的另一本著作《服务供应与采购》，专门讨论的就是资本货物长生命周期服务中交易型合同与关系型合同的平衡问题。——译者注

式投入使用并由阿尔斯通公司继续向维珍公司提供高级服务的过程中，这家奥地利供应商所提供的支持服务就暴露出问题来了。

如果有零部件损坏或需要进行大修理，那么这些机器或部件会被送到这家奥地利供应商那里。它们确实能完成必要的维修服务，但是无法（或没有足够动力）及时响应维修服务。这与阿尔斯通公司的情况完全不同，因为衡量阿尔斯通公司服务质量的依据是潘多利诺列车的性能，当然空调设备的运行情况也包含在考核指标之内。

在这种情况下，阿尔斯通公司不得不在自己的仓库储备大量的零部件，以备不时之需。这样做不仅导致成本大量增加，而且回应速度和效果也打了折扣，服务的整体效率并没有得到提升。最终，阿尔斯通公司自己介入（之后重新设计了这些空调设备的生产环节）。类似情况也在列车的其他子系统中出现，包括雨刮器的电机甚至咖啡机。

这些问题集中爆发，导致制造商们不得不寻找能够按照自己的合同风格提供子系统的供应商。如果无法找到符合自己要求的供应商，那么制造商就会进行纵向整合，自己从事这些子系统的设计和生产环节。

在实践中，对这两种做法进行平衡显得非常有必要。因为，在服务过程中需要设计和生产能力；同时，（如针对消耗品的）交易合同也仍然存在。在本书接下来的部分，将探讨这些因素是如何相互作用的。

8.3 纵向整合和组织结构的影响

在这一节中，我们将总结成功传递高级服务的纵向整合实践。概括而言，这些活动具有如下特征：

- 以团队形式扩展了前台服务活动，这些活动都与服务提供有关，且都协调在矩阵式管理结构下；
- 保留了部分设计和生产能力，以支持服务部署（services deployment）；

• 与部分供应商签订关系型合同。

组织结构的变化能够减轻因传递不同类型服务而产生的紧张关系和冲突。同样地,“关系型”合同也是一种有益的尝试,因为这种关系把供应商和制造商的责任绑在了一起。而保留设计和生产能力的逻辑更复杂一些。图 8.5 说明了这些实践活动之间的关系,以及宏观的内部绩效测量(macro internal performance measures)。

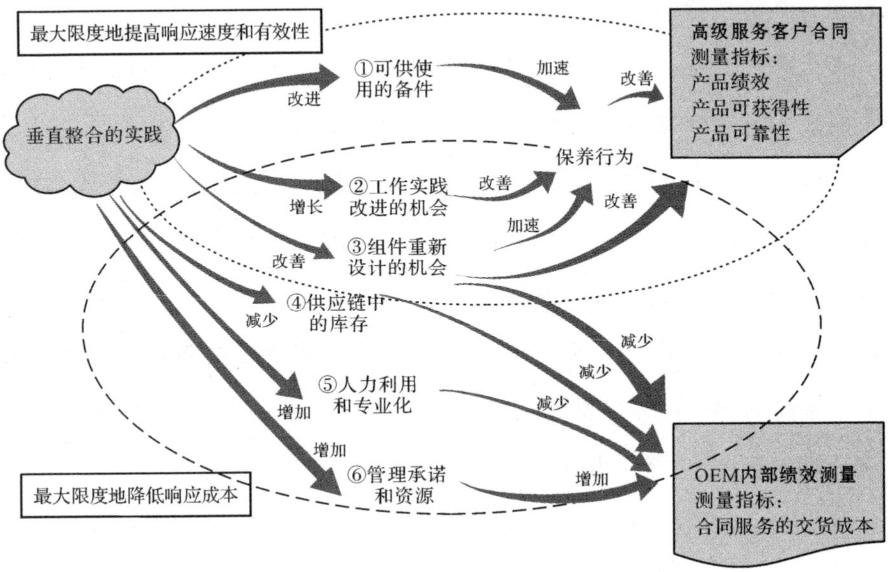

图 8.5　高级服务的垂直整合实践和宏观内部绩效测量之间的关系

响应速度和效果最大化的需要是保留设计及生产能力的原因之一。举例来说,万一阿尔斯通公司的列车出现故障,马上就会引发对阿尔斯通公司不可靠行为的惩罚(reliability penalties),并很快会因缺乏可获得性而令惩罚升级。零部件的迅速补充有助于维修行为的快速反应(图 8.5 的①)。部分商品和消耗品(如液压油、过滤器、紧固件和刹车组件)需要有充足的库存,一个电话就可以送货到位。但是,对价值很高的子系统来说,最经济的做法是彻底检修和翻新再制造。

保留设计资质也有助于资产设计的持续完善(图 8.5 的②和③)。举例来说,可以通过设备的再造(re-engineer)提升可靠性和可维修性(如增加监测点、润滑剂和可检修的部件)。同理,许多工作过程中的完善都来自于生产环境(比如通过精益制造技术获得的成果)。如果组织自身就有相关的专家,那么在维修过程中采用这些技术会有帮助。

这些保留的设计及生产能力还使制造商能更好地把控及时响应客户的成本。正如上文提到的,工作方式和组件设计的不断完善可以影响高级服务的传递效果和成本。同样地,在供应链中存货的成本也下降了(图 8.5 的④)。最后,因为维修活动随时都可能发生,因此必须预备足够的缓冲量来应对未知事件,内包方式是实现这种能力的可选方式(图 8.5 的⑤)。

阿尔斯通公司在伦敦地铁北线的项目就是这样一个例子,在这个项目中,维修点选择将自动门的翻新工作内包。相对而言,自动门的翻新工作是件技术含量低、劳动密集性高的活动,通常即便不是离岸外包,也应该把它外包出去。而阿尔斯通公司选择内部进行这项工作,为维修人员在服务业务不繁忙的时候找到了事情做,而不至于被辞退或被迫休假,还能减少这类部件的仓储成本。

进行整合的不利因素:业务总是需要在管理和资源方面增加投资,而这会对高级服务的传递成本带来负面影响(图 8.5 的⑥)。

8.4　减轻整合的需要

在制造商纷纷选择将业务外包的当下,企业内部保留设计和生产活动似乎并不是一个招人喜欢的决定。在生产领域,供应商已经在低成本生产方面具备较强优势,因此,现实中的外包和离岸外包案例比比皆是。尽管高级服务的内在本质决定了它对制造商的响应能力有更高要求,但是仍存在质疑的声音,如整合是否真有必要或这种整合是否会再进行调整。

当然,纵向整合的程度受到很多因素的影响。首要因素就是制造商与供应商的合同关系。理想的情形是,合作伙伴提供结果导向型合同,这种合同能够反映制造商所提供的高级服务的结果。然而现实情况是,供应商大多关注的是产品的设计、制造以及销售,基本无暇顾及需要长期投入的高级服务。这就导致制造商不得不延伸自己的业务范畴并增加储货量,只有这样才能在与用户的关系性服务和供应商的交易型行为之间保持平衡。

有设计和生产能力的投资受到现有设施及其地理位置的限制。如果这些设备距离用户较近或分布在用户周围,就可以降低存货成本,当然,这是以牺牲人员及设备的利用率为代价的。

对组织来说,这些能力一旦失去就很难再建立起来。这也是提供高级服务的制造商与传统制造商相比的优势所在,而知识产权则强化了制造商对其供应商的影响力。比如,哪怕目前子系统是由外部供应商提供,制造商也可以通过获得知识产权而提升专业知识,设计出可以提升服务能力的设备,而这种专业知识已超出供应商所能掌握的知识范畴。

8.5 本章小结

本章探讨的是与提供高级服务有关的纵向整合问题。具体而言,本章关注了服务化制造商的内部组织结构、运营流程以及与供应商的关系。

总体而言,我们认为高级服务的传递与生产领域的情况有所不同。前台涉及了大量活动,都与提供不同类型的服务有关,并且都以矩阵式结构进行协调管理。保留设计和生产能力,有助于提高响应客户的速度和响应的效果,从而降低成本。同时,与供应商的合同类型从原本的交易型合同向关系型合同转变。

9　信息技术与高级服务

本书的研究项目启动没多久，我们就意识到，制造商感知其产品使用状态的能力对制造商成功传递高级服务至关重要。随着项目的推进，我们逐渐了解到制造商并不仅仅是简单地监测用户产品的日常运行状态，产品的位置信息、使用情况、性能表现以及耗材的消耗情况等，同样被记录下来。而这些信息的收集都是通过信息技术实现的。

以下就是我们对信息技术的概括：

原则 4： 成功的高级服务传递离不开信息技术的支持，这些信息技术聚集于设备保养、维护和使用中的信息传送和预先行动。

本章将详细分析这些技术的影响及作用原理。本章结构安排如下：首先，从整体上把握高级服务中信息系统的一般架构；其次，依次介绍该技术系统的各个组成部分；最后，分析信息技术对高级服务产生重要影响的原因。

9.1　信息技术在高级服务传递中的架构

在生产系统中，信息技术早已得到广泛使用。制造资源计划和企业资源计划就是目前普遍使用的两种技术系统。这些技术的原理都是把硬件和软件应用整合进一个中央数据库，并由该数据库进行业务数据和信息的储存和传递。

例如,资源制造计划(Manufacturing Resources Planning,MRP Ⅱ)软件系统会基于机器和工作人员的生产能力设计出详细的生产计划表,并按照物料到达情况确定生产进度。MRP Ⅱ软件系统的产出包括人员及机器的最终计划表,生产成本表(包括机器开工时长、员工工作时长和原材料使用量),以及最终产品的产量。

这种系统已经较为普遍,它把客户和供应商原本独立的生产活动联系在了一起。例如,在汽车制造行业,汽车制造商允许一级供应商的MRP系统直接与客户的采购系统联结起来,这样汽车制造商就可以捕捉到汽车部件的订单情况。而汽车制造商也只会与这些能获得订单的一级供应商合作,允许后者为其提供配件及原材料。

在高级服务的传递过程中,信息技术的使用进一步扩大了合作的范围,主要是帮助制造商掌握了已经售出,并由客户实际操作的产品(资产)的运行数据。在我们调研过的案例公司中,信息系统全都采用同样的组织结构(见图9.1)。

高级服务的信息系统的功能可以划分为5大块:(1)监控功能负责捕捉由安装在产品关键部件或组件中的传感器发出的数据信号;(2)传输功能将基础数据(如温度、压力、运行时间等)或故障码(如过热、泵故障、维护数据等)传送给制造商;(3)存储功能负责记录所传输的数据;(4)分析功能实现把数据翻译成信息的过程;(5)回应功能采取一些必要的服务行动(如维修、客户告知、维护工作的安排等)。

劳斯莱斯公司的实践可以很好地说明信息系统的实际工作流程。例如,燃气轮机在工作过程中可能会吸进某种异物。在这种情况下,哪怕只是非常微小的外来物质,也会对压缩机叶片造成损伤。尽管对发动机的影响可能不会马上显现,但从长远来看,异物的存在仍然会慢慢减弱和侵蚀能源转化的效率和设备的性能。

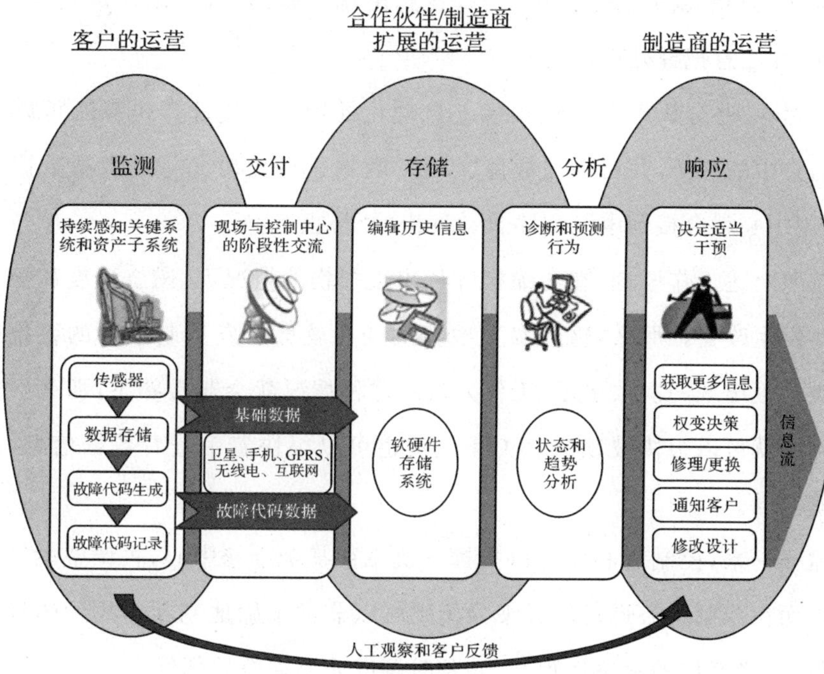

图 9.1 基于信息技术的通用架构

劳斯莱斯公司引擎健康管理(Engine Health Management,EHM)系统的开发就是为了处理这些可能的状况。在燃气轮机内安装一个微处理器,用来持续监测 16 项参数(如燃料消耗、机器的震动、燃烧温度和压力等)。如果燃气轮机内压缩机叶片损坏了,那么这些监测的参数就会发生变化,并且数值的波动情况会反映在监测记录中。刚出现异物的时候,参数数值的波动可能非常小,但慢慢就会演变成持续性的波动。

这些数据会传到劳斯莱斯公司总部,在飞机进行长途飞行的过程中,一般会进行 6 次这样的数据传输。老一代的飞机可能会使用雷达进行数据传输,而新设备都是通过卫星传输的。最后,这些数据会被输送到位于英国德比的控制中心,由那里的工程师和技术人员进行深入分析。

控制中心会收到由公司监控的所有引擎的数据信息,再由中心的工作人员负责从这些数据中剔除无用信息，找到出现问题的原因，制定解决方案，采取行动，并注意把握处理进度。

当然，一些分析工作已经实现了自动化处理。通过计算机算法可以找到数据信息中的趋势，并自动与故障"特征"数据进行比对。一旦各项数据都吻合，控制中心就会接到电脑程序自动发出的"警报"信号。

按照上述工作原理，在压缩机叶片出现损伤的情况下，燃烧温度和压力很可能会发生改变。那么，这些参数数值的变化就会引发控制中心的警报。如果这类警报出现的次数多了，工作人员对这种情况就会非常熟悉，那么引擎的故障问题就可以很快被锁定。工作人员也可以很快着手查看数据信息，并采取维修行动。

这样一来，控制中心就可以指挥飞机飞往某个维修中心，去调整燃气轮机叶片。而在控制中心进行的详细分析则可以非常精确地判断出故障的具体位置，评估维修工作的紧迫性程度，并及时调度需要替换的部件。

对于不那么频繁发生的状况，控制中心员工可能无法准确判断引擎的故障原因。在这种情况下，他们就需要通过其他来源的数据进行判断了。这些数据包括现场技术人员人工观测得到的数据、与飞行员沟通获得的信息、从客户方面其他工作人员处获得的反馈等。而在日常维护和维修环节中也会收集到反馈数据。对制造商来说，每解决一项故障，每记录下一条信息，都是在不断壮大制造商的知识库。通过调动知识库中的知识与经验，制造商处理故障与问题的能力也不断得到提升。

当然，制造商使用信息技术的目的并不只是为了监控设备运行状态。德国曼集团就一直在抓取产品使用方式的信息。他们通过不断分析这些数据来调整司机开车的动作，从而达到提升燃料燃烧效率的目的。类似地，卡特彼勒公司的经销商们通过检测土方机械（earth-moving machinery）的位置来确保这些设备在他们期望的地面环境中工作——与在矿井环境下使用相比，在沙地上工作会大大缩短卡车的使用寿命。

需要说明的是，信息技术与能力将客户和制造商联系在了一起。当然，数据抓取都是在客户端的运作过程中实现的，而对数据的深度分析则通常在制造商这端进行。数据的传输、收集，对初始数据的分析，甚至是深度分析的技术，可能又都由制造商的合作伙伴提供。IBM、HCL 和 Microline 等公司就是制造商的合作伙伴，为制造商提供技术支持。

从下一节开始，我们将深入探究图 9.1 中所描绘信息系统的各个关键功能。

9.2 监测

监测功能就是要"感知"产品(或资产)的关键系统或部件。因此，哪些参数需要测量以及如何进行测量，都是要在设计阶段进行的重要决策。

制造商会选择能反映出他们的服务的业务，以及能体现服务功能的参数。德国曼集团就是一个很好的例子。它的卡车技术旨在通过调整司机的开车动作来节省卡车的耗油量。关键参数包括卡车的加速速度、恒速功能(cruise control)的使用程度、刹车的磨损程度等。因此，德国曼公司要监测引擎的转速及转速的变化情况。

理想情况下，这些数据都可以用已有的传感器捕捉到。通过使用目前的电子系统，很多数据已经可以直接获得了。比如，德国曼公司车辆上的引擎管理系统通过串行总线系统(CANBus，Controller Area Network Bus①)与数据获取装置相连接，使得控制中心可以连续不断地收集有关车辆性能和运行情况的相关数据。德国曼公司车辆的引擎上安装有 25 个永久性的传感器，并且很多都集合多种用途于一身。

有些情况下，即使这些传感器能够捕捉到一些关键数据，但也只是摆设，

① 串行总线系统属于 ISO 标准的一种，是制造厂中连接现场设备(传感器、执行器、控制器等)、面向广播的串行总线系统。

并未真正投入使用。在数据信息可能会应用于健康和安全领域时,有时也会安装一些独立的系统。以飞机的燃气轮机为例,引擎管理单元(EMU)和引擎健康管理(EHM)单元就是两个截然不同的研究项目。

当现有电子系统的功能不够用时,制造商就需要额外增加新的传感器。例如,在卡特彼勒公司的大型采矿车(载重 300~400 吨)上安装传送物理负荷和结构完整性数据的传感器,就是现实中的一个例子。因为卡车上各个位置的受力和压力必须达到平衡才能避免翻车。结构完整性可以通过在卡车底盘逐渐增加传感器数量得到,因为卡车在超载的情况下,底盘是最脆弱的部位。安装传感器的位置也非常关键,这一点可以通过设计阶段的有限元分析确定。最终的结果就是,这些卡车上安装的传感器可能多达 200 个。

高级服务往往还需要大量的其他数据。比如,很重要的定位问题可以由 GPS 完成。卡特彼勒公司的一些经销商就在租赁合同中明确限定了卡车的行动范围,并要求卡车只能在这些区域内活动。当然,在需要实施维护工作时,掌握这些设备的具体位置还可以为维护工作提供不少便利——尤其是很多设备都在同一个区域内工作的时候,就更方便了。

数据一旦被记录下来,可以就地进行分析,也可以先传输到其他地方再进行处理。现在的常规做法是,把这些数据输入当地的微处理器中进行初步分析,并生成故障码。这样一来,这些数据被就地保存下来,技术人员只有在来现场做定期维护时才能接触到这些信息。但是,高级服务要求将这些资产的数据传输到制造商手中。这就是高级服务的独特之处。

9.3 转换和存储

传输的数据通常有两种形式。在第一种情况下,传输的只是传感器中的“基础数据”(比如引擎温度、油压、地理位置等)。在第二种情况下,传输的是车载微处理器(on-board microprocessor)得到的故障码。现实中,这两种形式都有广泛运用。

劳斯莱斯公司的燃气轮机主要传输的就是来自一组传感器(数量不多,大约16个)的基础数据。大多数的大型现代民用飞机使用的是卫星通信技术,包含常规和特殊两类数据报告的传输。常规报告分析的是飞机在起飞、爬升和巡航期间的数据信息,这些都是飞机运行过程中的时点数据。而当引擎状态不同于往常时,则又会形成特殊报告。在全球形成卫星网络的背景下,这些数据可以传输到世界上任何一个地方。

与之相反,阿尔斯通的列车则从大量车载系统及部件中输出故障码,如车载列车管理系统(Train Management System,TMS)。该系统会检测25项列车系统的数据,包括推进力、倾斜程度、高压、制动系统和空气等,并用15台电脑分别对不同用途的车载传感器数据进行处理。这些数据通过列车车厢侧面的数据收集单元进行收集和传输。

当然,数据可以通过很多方式进行传输。雷达和卫星是两种常用的传输工具,无线网络和专用的有线系统也较为常用。而施乐公司就是通过网络把打印系统连接成一个整体的。

9.4　分析与回应

报告送达制造商后马上就会自动进行处理。系统会首先检查数据的有效性,也会有相应的调整办法让这些数据符合规范。这种分析也被认为是诊断和预测工作,即运用信号分析方法等特定技术来识别一项资产的当前及未来的“健康状况”。

自动算法就可以做到这一点,计算结果也会与多项传感器信息进行交叉检验,以确保结果的有效性。当然,人工观察仍然是数据处理过程中很重要的一部分,因为错误的警报会造成很多不必要的维护行为。

在医疗领域,专家的经验知识可以用来诊断症状,出具治疗意见。服务领域也存在类似情况,工程师运用技能与经验评估某项故障的可能原因,为操作人员的监测工作提供方案,并判断这项维修工作的紧迫性。

技术咨询台(technical helpdesk)会与实际操作人员一起讨论可能的方案,以符合操作规范,达到最佳效果,也会定期与操作人员沟通,直到双方对该问题达成一致认识,并且把服务过程中的可能风险降到最低。

精密复杂的产品导向型服务及相关的售后服务合同通常是外包出去的,这会带来更大的风险,因此,这些资产(产品)需要具备接受本地及/或外包方"审问"的能力。

人工观察和客户反馈的结果同样会汇总到控制中心。通过这些信息,制造商能够注意到一些还没有暴露出来的问题,有助于原材料和/或资源的提前调度,做好维护/维修活动,实施临时性行动,做好客户告知工作,并且在必要的时候,向产品设计部门进行反馈。

在需要确保产品的最终使用效果等情况下,也会需要人工观测的数据。比如,在规模较大的采矿项目中,卡特彼勒的经销商可能会指派一名技术人员负责监督项目进程中的日常操作,顺便检查通信系统记录下的数据,看看卡车司机们有没有规范驾驶。还有些参数无法通过信息技术获得,比如已出租车辆上的喷漆是否需要补漆,因此,必须通过人工检查才能确认。

远程监测也可以不通过信息技术手段进行。例如,可以定期从设备上采集润滑油的样本,然后把样本送到实验室进行分析。经过实验室检测后,如果含有金属元素如磷青铜(燃点材料),那么可能表明轴承存在磨损,而燃料污染和有水(液体)存在可能说明燃烧不充分或系统存在泄漏问题。

虽然这些检测都不是实时进行的,但是,只要流程是完善的,这种做法仍然具有非常高的价值。在常规维护及维修工作中,对设备的评估同样非常有价值。对大型柴油引擎的流行做法是,使用一种简易的磁性油槽塞,这样在给引擎更换柴油的时候就可以了解设备的磨损情况,提前做好准备。同样地,在维修和彻底检修过程中,仔细检查组件也可以了解到设备的实际使用情况。

9.5 信息技术能力的影响

信息技术使得制造商可以持续关注已经安装在用户厂房里的产品(或资产)。图 9.2 描绘了信息技术作用与业务压力之间的互动关系,详细说明了这些信息技术在支持高级服务传递过程中的多种方式。

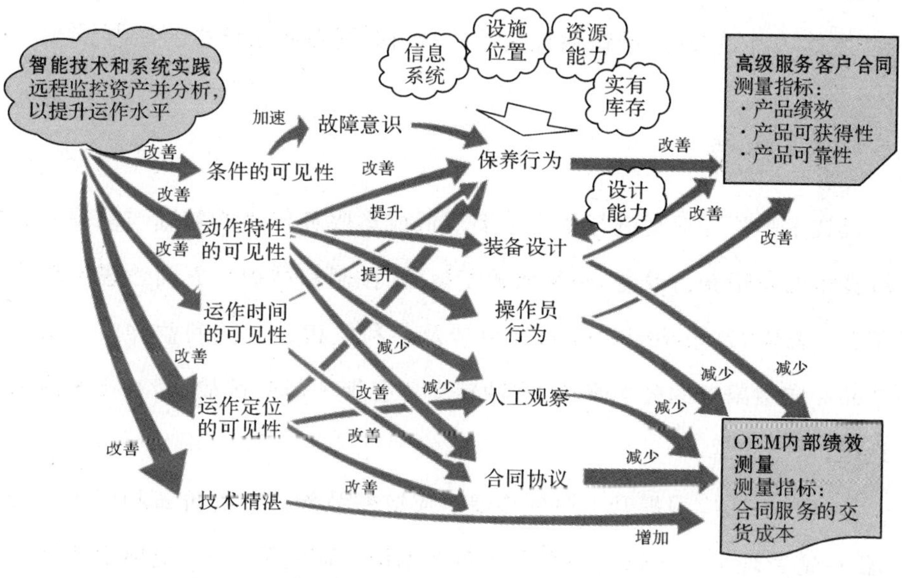

图 9.2 信息技术与高级服务的内部宏观绩效测量之间的关系

技术系统的结合使得制造商可以更好地了解资产的状态、操作特征、使用时长和地理位置等信息。对服务提供商而言,这种远程监控有助于及时发现故障、提供更快的维护/维修行动,也可以促进设备设计和操作行为的优化,减少在现场监督资产的工作人员的数量。而服务提供商响应速度的加快又有利于提高资产性能表现和确保客户按时生产。

随着技术和服务系统越来越复杂,服务传递的成本不可避免地提高了。好在制造商掌握客户操作资产的方式、资产的使用时长和所处地理位置等信息,可以减轻服务提供商的风险,降低履行合同的成本。而产品可靠性及确保客户按时开工的能力还能够降低服务传递成本,并减少对人工观测/干预的需要。

技术能力、系统实践以及它们对业务绩效的影响,可能会受到服务传递系统中其他实践活动的调节。这里主要是指设计和技术能力以及信息系统的影响。正如在图 9.2 中指出的,其他实践行为会对技术和系统实践活动的结果产生很多方面的影响。比如,对于一个高效率的问题响应程序来说,设计水平、技术能力都是及时、准确估算所需原材料和资源必不可少的能力。

9.6 本章小结

把技术和管理活动进行整合是实现低成本服务传递的基础与前提。要想通过技术的应用获得效益,必须依赖于运营、控制和维护三方面管理工作的有效整合。然而,这些功能的协同又会涉及各利益相关者的利益冲突。而对提供产品导向型服务的公司来说,这种转变又会带来新的挑战,即对技术的把握与运用。

新兴技术的应用提升了服务传递供应链的绩效。在高价值的资本型资产中,供应链管理可以从以下几个方面对技术深入研究而受益:更精确地评估终身服务成本的技术,提供终身工程服务的技术以及电子和机械组件自我修复的技术。

10 人员配置与所需技能[①]

制造业的演变带来了组织结构和人员技能需求的新变化。比如，在工业革命时期发明的流水线意味着没有任何技能的男女同样可以成为产业工人（通过训练进行一些简单、重复性的操作），并且这些工人的生产效率远远高于技艺代代相传的手艺人。亨利·福特因其率先采用流水线方式进行生产，在汽车行业掀起了一场革命而出名。并且，流水线生产也一直持续到大批量生产阶段。直到现在，在日本丰田公司的生产流程中，还能看到流水线生产的痕迹。

制造服务化过程同样需要在人员的组织、技能、企业文化和人员的领导和激励方面做出变革。在本书 8.2 节中，我们已经涉及部分相关话题。我们描述了成功实现服务化的制造企业，如何为提供高级服务的员工创造出前台部门这样一种新的组织结构。本章将继续探究前台服务部门，找出前台人员的理想行为。具体来看，我们提出了以下几个问题：哪些人被安排在前台部门工作？他们表现得怎样？对他们而言，哪些技能是成功提供高级服务所必需的？

我们的关注点主要集中在人员所需的技能上，因为归根结底，前台人员的“行为”才是影响企业绩效的最重要因素。我们都知道，人的行为受到非常多

① 在本套“世界制造服务化译丛”中的另一本《制造服务化手册》中，也有一章专门讨论制造服务化人力资源的技能配置问题（该书第 19 章）。——译者注

因素的影响:自然状况(如年龄、性别、力量、灵敏度),心理特征(如性格、态度、信仰、情绪),工作环境(如温度、光线、噪音、干扰因素),以及社会环境(如领导力、团队合作、沟通、激励和奖励机制)等。当然,在现实生活中,制造企业只能影响这其中的一部分因素。

技能就是其中一项可以识别并完善的影响因素。就学习某项技能而言,对有天赋或者学习意愿强烈的人进行培训就相对容易些;而另一些有抵触情绪、不愿意学习这些技能的人,他们在高级服务传递过程中能发挥的作用就很有限。在人员招聘过程中,我们可以对应聘人员的技能进行测试,在人员选拔过程中筛选出符合要求的人,并且通过拓展培训强化他们的技能。这些过程的实现同样依赖于我们对业务和公司发展需要的认识和把握。

为了识别出这些技能,我们采取了以下步骤:首先,分析前台人员的不同角色与职责。然后梳理出符合每个角色的行为。接着,我们把这些重要行为归纳成 6 个维度。需注意的是,我们挖掘的只是涉及传递高级服务的行为,而没有关注那些所有员工都期望拥有的"保健因素"(如项目按时开工、工作安全的保障等)。最后,我们识别出最支持这 6 种行为的技能。我们按照以下原则捕捉员工技能,本章将对这条原则做详细介绍:

原则 5: 高级服务的成功传递需要依靠处在前台位置的企业员工。并且,这些工作人员需具备以下 6 种技能:灵活应变、建立客户关系、服务导向型、态度真诚、技术能手和适应力强。

本章将深入阐述企业在人员安排方面的实践活动,解释人员受到重视的原因,并对影响人员发挥作用的因素进行总结。

10.1 高级服务传递中的人员配置

制造商提供高级服务以来，公司内部越来越多的部门与客户建立了联系。在提供高级服务之后，制造企业与客户的沟通内容范围也远远超出单纯生产环境下的客户接触范围。这是因为制造商的任务加重了，开始承担一些原本由客户自己完成的工作（如项目管理、日常保养、设备维修和状态监测等）。

我们还介绍了"后台"一词。后台是指与产品生产有关的生产导向型活动（如产品设计、开发、生产等）。我们还强调前/后台划分的依据是活动的本质，而不应与物理距离的概念相混淆。那么，在前台服务人员内部，情况究竟如何？通过仔细观察，我们不难注意到，其实提供高级服务的前台人员内部还可分为不同类别。部分人员工作在"第一线"，其余人员的工作则是为了"支持"这些"一线人员"（见表10.1）。

表10.1 高级服务中的人员配置

分 类	前台：一线人员	前台：支持型人员	后 台
员工的总体关注点	提供产品—服务业务	提供产品—服务业务	产品设计及制造
员工的典型角色	接触一线客户	支持客户服务	以实物产品支持客户服务
员工角色的例子	账户销售经理（account sales managers），合同销售，现场工程师，运营中心主管，客户服务主管	状态监测技术人员，技术服务主管，部件及服务总经理，产品售后支持主管	研究人员，工程设计人员，生产管理，产品工程师
通常直接接触客户的人员	项目主管，账户销售经理，设备运作负责人	设备运作负责人	设备运作负责人，项目主管，账户销售经理
与客户接触的程度和频率	高（可能每天或每小时）	中等（可能每周）	低/周期性的，新产品推介阶段/工厂参观视察

一线人员直接面向客户,包括项目经理、会计主管、现场工程师等。一般来说,一线人员大概每周都要与客户互动(或接触客户);在有些情况下,一线人员直接在用户公司的控制室内办公,因此每天都能与客户见面。同时,驻扎在用户公司的这些工作人员要么是负责用户合同的维护,要么是密切关注设备的运转。

现场工程师就是一种典型的一线人员。这些工程师与用户接触频繁,保持密切联系,特别是在设备操作方面密切沟通。这种互动效果非常明显,保证了现场工程师在有需要时(比如定期维护等)及时出现在用户工厂内(在机器就快关闭而尚未关闭的时刻,而不是机器完全停工之后①)。通过这种方式,现场工程师不但可以直接接触设备的一线操作人员,维护客户关系,还能尽早从设备日常运行的蛛丝马迹中察觉可能出现的各种故障。一般来说,设备运行监控系统是无法预先监测到这些故障的。

前台的支持型人员则是这些一线员工的后援团,包括部件和服务主管、状态监测技术人员和车间管理人员。他们一般直接与一线人员打交道,而不直接接触客户,只有在例如诊断设备故障问题时,可能会与用户方人员进行探讨。在实际工作中,这些支持型人员的技能主要还是与后台操作工作相关。

状态监测技术人员是支持型人员的典型代表。他们一般待在控制中心,远程监测设备运行状态、使用情况和产品性能方面的数据。一旦出现异常情况,他们会与现场工程师、项目主管和其他一线员工一起处理问题。

10.2 前台服务人员的行为和所需技能

服务型人员与生产型人员的行为存在较大差异。几乎所有接受我们访谈的管理人员都表示,培养员工的"服务文化"是管理工作的一大挑战。有 6 个

① 一般来说,大型设备重新启动一次需要花费几十万元到上百万元的费用。——译者注

以人为本的行为维度对获得这种服务文化非常有帮助(见图 10.1)。

图 10.1　典型的前台工作人员想法

总体来看，他们的行为代表着客户的利益：与客户发展良好的关系，理解客户的业务逻辑，了解客户的“痛点”。这些服务型人员还与公司内的其他人员建立了良好的关系，并能做到牺牲自己的时间，优先处理客户的问题。

前台人员也掌握技术能力：他们理解服务客户过程中涉及的技术，并且在技术问题上(技术可行性或处理时间等)所做出的承诺是可靠的。同时，这些技术人员的内心还很强大。他们知道不论是客户还是制造商都不完美，这些也不是他们个人能够控制的，因此，在服务过程中，如果遇到一些困难或麻烦，他们不会轻易把原因归结到自己身上。

在这些以人为本的行为中，有些因素是对人的性格和社交倾向的规定，要求员工性格外向，而且合群。当然，我们最终还是要看这 6 方面能力的综合表现。表 10.2 对这些维度做了总结。我们这里的技能一词，指的是把事情做好的能力，这种能力通常通过后天训练及/或经验获得。

表 10.2　前台人员需要的主要技能

期望的行为	支持性技能	技能的描述
与客户进行有意义的对话; 与前台部门的其他人员形成较强的个人/团队关系。	关系建立	发展并维护紧密的客户信任关系,在制造商内部、与其他员工形成类似关系的能力。
随时准备调整工作时间段或工作任务,以满足客户需求。	灵活性	调整工作流程以满足客户要求的能力。
能充分认识到设备故障对客户带来的影响。 与客户交谈,为客户服务,了解客户。	服务导向	具有感知客户问题并及时解决的同理心;能够站在客户的角度考虑问题。
对制造商及其产品、服务的信任。 只做可以实现的承诺。	真诚	致力于为客户提供满意的服务;随时准备告诉客户真实情况。
了解设备故障的原因及可能产生的影响。	技术熟练	了解产品、设备及其部件的工作原理。
在每种故障情境下,能够感知客户情绪的能力,即使这些情绪反应更多体现了个人的性格特征。	情绪弹性(resilience)	化解因与客户直接接触而产生的压力的能力。

10.2.1　关系建立

建立关系的能力是指与他人形成、发展及维持沟通与互动关系的技能。拥有这种技能的人能够与客户进行有意义的沟通,并获得其他客户的支持。沟通技能娴熟的员工很擅于维护客户,他们有这种意识,即"哪怕现在看来客户与我们的关系非常好,但客户关系随时可能因为一些不经意的评价和/或行为而遭到破坏"。

这一技能与我们稍后会谈到的"情绪弹性"联系密切。在高级服务的传递过程中,这种在"战场上"结下的友情比在打高尔夫球时轻松自在的状态下积累的关系要有价值得多。

10.2.2 灵活性

灵活性作为一项技能，指的是为满足客户需求而调整工作程序的能力，并且调整之后还能维持较高的工作效率。有些人在结构化流程下工作时感到最舒服，效率也最高。传统工厂中的轮班制和办公室白领朝九晚五的上班时间就是结构化流程的典型代表。但是，服务领域的情况完全不同，服务行业要求工作人员能随时工作，并能在不同任务之间快速切换，以迎合客户的需求。

火车的计划外保养工作可以说明灵活性这项技能。如果火车在运行过程中因出现故障而停运，制造商将要承担数额巨大的罚金。并且，每笔罚金的金额是以分钟为单位计算的。但是，因为无法提前预判故障发生的时间，这就要求制造商必须能够随时安排维修人员进行保养。故障发生的不可预测性和巨额罚金之间就产生了一种组织和人员安排上的困境。是否要为每台大型设备配备昂贵的保养人员呢？仅仅是为了以防万一，就要让这些检修人员待在设备附近，随时待命吗？如果确实有需要，那么需要安排多少人手呢？又应该把他们安排在哪里？在设备运转正常的时候，他们应该干些什么？

拥有工作灵活性的员工对闲暇时间的安排有两种方案。第一种做法参考伦敦地铁北线检修人员的情况。他们平时待在地铁沿线的修理厂(depot)里，没有任务的时候，就做一些低技术含量设备的修理工作。比如，他们可能会为气动门换上新的橡胶圈，这样的工作可以随时接着做，也可以随时暂停。第二种做法是允许检修人员回家，随时听候调遣。当然，这些工作人员都很明白，一旦出现故障，他们必须在第一时间做出响应。这并不是一种“加班”形式，而是一种“按年度工作小时数计价的合同安排”。

10.2.3 服务导向

服务导向与关系建立和灵活性这两点都有紧密的联系,指能够设身处地为客户考虑的技能。换言之,服务导向是透过客户的眼睛看问题,并判断出设备故障给客户带来的损失。

高级服务需要这种服务导向技能,同时也对有这种技能的员工进行奖励。在之前对绩效衡量的讨论中(本书 6.1 节),我们已经强调过核心原则是“客户的评价”。其他衡量指标都是从客户的体验中派生出来的。如“乘客损失的时间”(伦敦地铁北线的例子),其实就意味着高级服务与生俱来就是客户导向的。同时,这也意味着制造商在服务传递中出现的任何问题,都会直接影响到客户的业务。

深谙服务导向的员工非常明白这些影响。他们在实际工作中的行为就反映了这一点。举例来说,员工非常清楚如果一列火车不能按时从站台出发,或者采矿车在运输道路上发生故障,那么客户的业务将受到怎样的影响。因此,他们会快速做出回应,哪怕这些行为已经超出合同规定的义务。而客户在见到制造商快速采取这些措施后,就不会那么想要惩罚制造商了。制造商的这些及时响应行为也为自己带来了丰厚的回报。

我们在研究过程中发现,制造商会从客户的公司挖人,并且这种情况是普遍存在的。通过这种方式,制造商可以提高自身从客户角度思考问题的能力。比如,我们在劳斯莱斯公司遇到的服务方面的资深人员,就是从香港国泰航空、新加坡航空公司等客户方招募过来的。这样做就是为了提高劳斯莱斯公司服务人员“像客户一样思考”的能力。

10.2.4 真诚

真诚指的是员工能够拥有诚恳、开放、诚实对待客户的态度。我们并不是暗指有些人会故意误导客户,而是因为向客户坦诚相告真实情况并不是件令人舒服的事情。就如前面提到过的，提供高级服务活动是一项需要顶着高压力的工作，因为制造商的失误会直接影响到客户的绩效，甚至是声誉。因此，我们也就能理解所有员工都处在压力和焦虑之下的工作状态了。

拥有真诚态度的人员敢于向其客户解释当前的困难局面。或许良好的合作关系和服务导向等其他技能的综合作用，能降低解释工作的难度。显而易见，态度真诚的第二层含义，则是客户对制造商及其产品与服务的信任。毕竟，制造商最终只会做出它们能够兑现的承诺。

10.2.5 技术熟练

技术熟练是指掌握机器、系统和应用设备运作程序的技能。前台人员必须拥有这一技能，客户和公司的支持团队才会对他们感到放心。

卡特彼勒经销商的例子很能说明这个问题。它们利用信息技术能力得到设备的日常运行监测数据。第一次看到这些数据的时候我们在想，这可能是用来计算设备磨损程度的。出乎意料的是，负责设备状态监控的人员直接从这些数据中看出了重点指标间的联系。比如，一辆采矿车每天行驶 40 英里，而一辆挖掘机移动了不到半英里的距离。看到这些数据后，工作人员的关注点就会落在挖掘机上，因为它们是被设计成只能在非常小的范围内活动的机械。

10.2.6 情绪弹性

情绪弹性是指应对挫折并快速恢复的能力。例如，雇员需要直接面对用户的压力以及体察用户焦虑情绪的压力，哪怕这种焦虑是因为用户个人性格原因形成的。拥有这项技能是晚上睡觉踏实的基础！

10.3 前台服务的组织文化、领导力与激励

我们需要再次强调，我们所关注的都是会影响高级服务提供的因素。到

目前为止,我们分析的都是相对容易识别和可以不断完善的技能。接下来,我们将探讨影响员工行为的其他因素,即组织文化、领导力和激励。

10.3.1 组织文化

组织文化通常指的是组织内的氛围。本书将文化定义为:

- 人类依赖于文字和社会学习能力的知识、信仰和行为的集合(文化);
- 一个机构或团体区别于其他组织的态度、价值观、目标及实践(组织文化)。

在所有人齐心协力地为共同的目标而努力的前台服务部门,如果想要获得成功,营造一种公平、合作的文化氛围也是必不可少的要素。在我们的案例企业中,有不少运用技术手段塑造企业文化的例子。以阿尔斯通为例,公司的前台员工受到非常清晰明确的"修理厂管理条例"的约束,其中就陈述了前台服务人员的价值观和业务流程。

公司内部的行为也会受到前后台部门间力量强弱的影响,并总会偏向创造主要收入的一方。在主制造商或集成商(host manufacturer)中,前台服务人员占据了公司的高层职位这一事实,就是公司对自身业务和员工行为重视程度之高的最好说明,这些安排都是为了确保以客户服务为导向。

这些有助于确保企业文化与对前台服务人员的期望相一致,也有助于公司内部接受服务业务与产品生产存在差异的观念。比如,与生产部门相比,前台主管更能够接受很难维持同样高的人员利用率和机器利用率这一事实。

10.3.2 领导力

为确保前台人员的行为符合期望,公司需要相应的领导力。领导风格是指领导者的行为,不同的情境需要不同的领导风格。在紧急情况下,没有时间临时制定一项合同,且权威部门(designated authority)具有丰富经验或比团队其他成员更专业时，专制型领导风格（autocratic leadership style）就是最有效的领导方式。当然，在高度自我激励，团队成员水平相当且齐心协力的团队中，民主或放任型的领导风格（laissez-faire style）则更适用。最后选取的领导风格，应该在能够最有效地实现团队目标的同时，又能平衡好每位成员的利益。

10.3.3 激励

激励是指能够调动行动的积极性，或者能够说明某个选择优于其他备选方案的（财务方面的或非财务方面的）因素。激励是期望人们以某种特定方式行动的预期。激励的最终目标是能够带来利润，并且有助于组织的成功。

然而，实际的激励方式非常多样，激励结构也极其复杂，甚至超出设计者最初的想象。人类富有创造性，但同时也只拥有有限的理性，这意味着提供激励措施的人往往不能预测到大家对激励所做出的所有反应。因此，认知有限和结果出人意料这两大原因，常常使激励问题比激励方案提出者的设想复杂得多，其结果或者带来“无心插柳柳成荫”的意外收获，或者因动机不纯而造成不可挽救的巨大灾难。

10.4 技能组合的影响力

以上 6 种技能合在一起形成了一个技能组合。在前台服务人员中，一定会有一些人的技能掌握得好，而另一些人相对弱一点，每个人所扮演的角色体现了这些差别。举例来说，尽管都可以称之为前台人员，状态监测技术人员就要比账户销售经理（account sales managers）掌握更强的技术技能，而后者则有更强的关系建立与维护能力。当然，所有前台人员都需要或多或少地掌握所有这 6 种技能。

即使是掌握了所有这些技能的人员，也仍然需要寻求更专业的支持。例如,设计人员等后台员工一般拥有更强的技术技能,因而前台人员随时需要设计人员的协助。例如,如果飞行器在使用过程中受损,那么就需要适航工程师进行专业分析,给出相应的修理方案。类似关键性的安全分析都是由后台人员进行的,但需要前台的技术支持团队提供必要的现场数据和客户反馈。

前后台分离的组织方式可以避免后台人员直接与客户接触。在我们的一家访谈企业中,有位部件及服务经理直接道出了这样安排的原因。他说:"制造人员基本不懂服务。"在前后台分离的模式下,前台的技术支持人员就成了找到问题解决方案的破冰者。

表 10.2 中归纳出的这些要素,提炼自于我们的案例公司,他们认为这些方面的因素是成功传递高级服务的关键要素。受访人员还解释了这些因素有助于达成高级服务合同关键绩效指标的理由。而过去的测量指标就是资产绩效、可获得性和可靠性等指标,而且必须以最低成本达到这些指标。

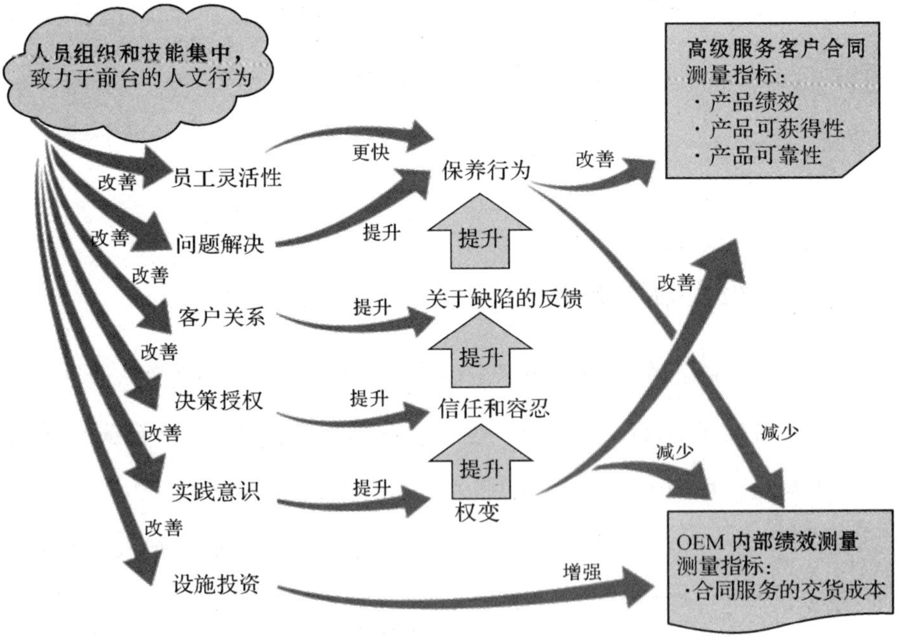

图 10.2　人性化行为与高级服务的内部宏观绩效测量之间的关系

图 10.2 直观展示了公司在向高级服务转型的过程中,组织结构和人员技能的变化。我们总结出了具有献身精神的前台人员以人为本的行为与实践。

这些实践活动需要得到主制造商的大力投资。因为以这种方式集中资源需要专用设备,且对人员的技能要求及培训侧重也与生产领域不同。在图 10.2中,我们也对服务成本的影响因素及方式作了说明。

相反地,高级服务的人员配置和所需技能则为公司带来了独特的优势,特别是员工的灵活性、问题解决能力、客户关系维护能力、决策的真实性以及理解服务行为的能力。所有这些准备的结果是维护活动效率的提高和应对意外情况能力的加强,这也使得在产品绩效、可获得性和可靠性得以提高的同时,将成本保持在最低水平。

在调研过程中,我们也了解到一个包含上述关系的案例。案例公司向我们提供了一份飞机保养的服务协议。这份协议明确规定:任何计划外的保养服务均需在两天内完成。而设备的一次故障曾导致飞机提早降落在一个小型支线机场(regional airport),飞机降落的时候已经是周五晚上的后半夜了。

这个机场只配备了有限的检修设备,因此针对这一事故立即启动了前台控制中心的警报。中心员工的技术能力足以诊断飞机的故障,并给出了解决方案,因此不需要惊动制造商方面的设计专家。但是,缺乏必要的检修工具意味着修理工作需要花更长时间,维修服务的考核指标也可能需要适当放宽。

通过前台人员与客户的充分沟通,凭借制造商良好的合作关系和信用,客户方面(航空公司)及时调整了飞机的飞行计划以配合检修工作。同时,修理小组也迅速赶到了支线机场,整个周末都在加班,以最快速度完成了修理工作。

到了周一,飞机修理好后又可以重新起飞了。尽管修理时间超出了合同规定的时限,但因为制造商对这次意外事故的处置安排得非常好,航空公司最终放弃了对制造商的索赔。

10.5 本章小结

本章分析了公司从事高级服务业务所依赖的人员配置和所需技能。总的来说,服务的成功正是因为有这样一批掌握了关系建立、灵活性、服务导向、真诚、技术熟练且具有情绪弹性的前台人员。服务部门所重视的这些技能与生产领域差别很大。服务人员的位置分配和数量安排至关重要。当然,协调人员行动的业务流程也同样重要,下一章我们就来谈谈这个话题。

11 高级服务的业务流程

在有关高级服务的讨论中，常常忽略对业务流程的关注。学者及实际工作者都很少对这个话题表现出如对信息技术那样的热情。然而，在高级服务业务中，业务流程好比是一条必不可少的将信息、人员和设备联结到一起的线索。

客户和制造商在业务流程中所建立起来的联系已逐渐引起人们的关注。然而，这种关系时常被人误以为是服务内容的一部分。在提供服务的过程中，制造商从过去采用一次性交易的方式转向在服务业务整个生命周期内与客户保持良好的合作关系，这是服务传递系统本身的重要特征。高级服务的提供建立在客户和制造商良好关系的基础之上，而这种关系则是在双方员工遵照流程操作的过程中逐渐培养形成的。

原则 6 就刻画了业务流程和关系情况。

原则 6：高级服务的成功传递是通过组织流程中大量的客户"接触点"实现的。制造商通过客户接触过程，培育出紧密的组织间关系，进而积极主动地管理这些生产设备的现场运行状态、使用情况及所在位置。

本章将详细展开我们对高级服务流程的探讨，对生产导向型企业中的业务流程及客户关系进行简单回顾，并与服务导向型业务流程进行比较。

11.1 传统生产环境中的业务流程

我们关注的是带来制造商和客户间互动的业务流程,特别是高级服务流程的具体形式。在这方面,了解生产环境的特点是一个有益的起点。

图 11.1 就描述了一种典型的情况,制造商和客户之间有三组相互高度依赖的行为或"接触点"。

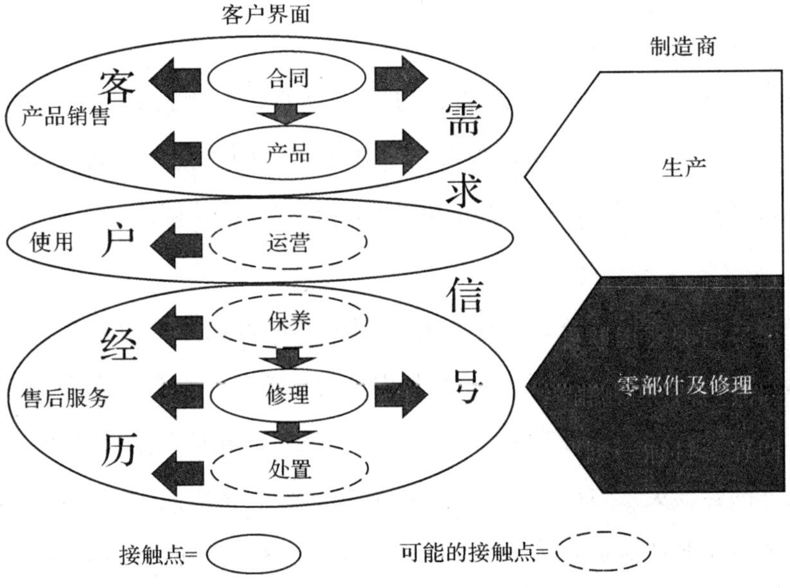

图 11.1 制造商和客户在典型生产环境中的互动

客户和制造商在产品销售环节需要进行各式各样的谈判,这些谈判一旦成功,产品就可以顺利进入客户所在的生产现场。对制造商来说,这样的互动过程可能会产生产品设计和制造的新"需求信号";对客户而言,通过与制造商的接触,也可以在整个产品生命周期内得到有关产品的一系列"经验"。

在产品从生产出来到"寿命"终止的整个生命周期里,使用阶段占了很大一部分。在这个阶段中,客户自行操作产品,并从设备的运行表现中获得经验。而制造商与客户基本没有交集,仅有的客户接触也是间接的,只有通过客户调查和与销售人员沟通这两种渠道才能获得反馈。

这种情况在售后服务环节有所改变,这一环节主要面对的事情就是产品发生故障或产品需要更新。在这一环节,一般来说客户是第一个发现问题的人,比如,卡车无法启动,或液压油漏到挖掘机的制动器(excavator's actuator)上。这些问题往往在日常维护的过程中就能识别出来,并且客户自己就可以解决。

制造商只有在需要纠正偏差的时候才有机会提供服务。与售后服务相关的还有一项内容,就是报废产品的处理。可以由制造商负责处置,或者是客户自行处理。

售后服务为客户提供了较为广泛的经验。制造商在该环节接触产品和客户的机会非常少,能够获得部件及维修需求信号的可能性就更低了。因为,制造商只有自己获得了售后服务的机会——而不是由客户或者第三方服务提供商进行维修——才有与客户接触的机会。

上述提到的这些售后服务都是基础服务或者中级服务。那么,它们的业务流程有哪些共同的特征呢?图 11.2 详细描述了生产导向型企业中,在产品已过保修期的情况下,一项售后服务活动所包含的全部因素。

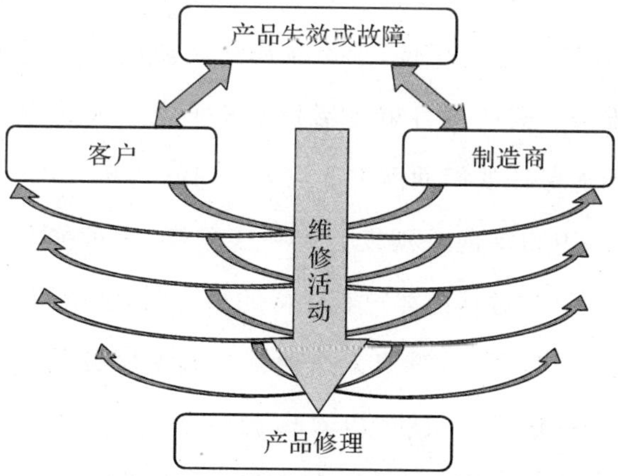

图 11.2　以生产为中心的环境下售后服务的典型反应过程

上文中已经提到,客户是第一个意识到产品需要更新或出现了故障的人。当然,也存在例外的情况。比如,制造商在进行定期检修保养或认证时发现了故障。又或者,产品在制造商处进行维修的过程中,又被发现了新的问题。

一旦发现新的故障,制造商和客户之间不可避免地会有一个谈判过程,双方需通过协商确定维修的价格和交付时间。并且,这场争论可能会延伸到保修索赔,涉及谁应为该维修服务承担责任,甚至在需要更换一套新的产品时,该由谁负担等问题。维修服务越复杂,费用越高,谈判过程也就越曲折。而在该过程中,这些设备不可避免地一直处于停工状态。

即使确定了维修工作由谁进行,谈判过程仍未结束。因为维修工作是以消耗的"时间和耗材"为基础进行的,而在修理费用昂贵的情况下,客户还需要分阶段支付维修费用。并且在整个维修过程中,客户都会抱怨修理费过于昂贵,并且认为维修进度太慢——因为在这整个过程中设备始终处于停工状态,没有为客户创造利润。

我们可以理解客户的这种感受,但对制造商维修工作的顾虑还不是客户希望尽早完成维修工作的全部原因。从企业内部的工作安排来看,制造商通过有效调度人员和设备,将资源利用率最大化,获得资源效率。如果一项维修工作因部分部件供应不足而暂停,那么维修人员就会被暂时安排到其他任务中去,直到这项维修所需的部件就位后再召集回来。大客户通常能享受更优惠的待遇,尽管不能保证他们的需求能在第一时间落实。

当这种资源调用和待遇差别发展到一定程度,就可能会爆发危机。因为客户在了解到对方公司对其他客户有优待的情况后,会变得更加生气,他们会向高级经理抱怨。作为回应,维修人员通常会调整服务的优先级顺序。制造商方面往往会出现一位员工扮演"白衣骑士"的角色,为维修进度贡献自己的力量——通过以他为主为客户进行维修服务,从而调整了优先级顺序,加快了客户的维修进度。

整个维修系统的流程可以被描述成"英勇复苏的过程"——如果又有客户感觉他们的维修进度过慢，上述过程就又会再一次循环。

这种过程催生了客户员工与制造商员工间的"交易性"互动。比如，在制造商有机会检查产品或设备的时候，他们为获得更大的利润，会列出尽可能多的毛病，并夸大问题的严重程度。而客户则希望先解决最关键的问题，搁置其他毛病，并且只要有可能，就会把责任推给产品的设计和生产方，然后向制造商索要赔偿。不论是怎样的实施途径，一旦维修工作完成，交易就结束了，服务过程即终止。

11.2 高级服务传递中的业务流程

在生产部门，负责售后服务的业务流程都是典型的"被动应对型"。这项职责产生的目的就是对客户的部件、维修或整机保养需要做出回应；在整个服务过程中，通常会发生大量的互动或谈判。

与之相比，高级服务的流程则完全不同。根本原因在于，高级服务专注于为客户提供"能力"，而不仅仅是产品状态的维护。具体表现在制造商所提供服务的生命周期延长，维修责任增大，而获得的回报则是更为稳定的收益流（参见本书 3.4 节和 3.5 节）。

这种服务流程产生了更多的客户接触点，这些增加的客户接触点又使得制造商能够接收到更多的需求信号，而制造商也更有动力对这些客户需求做出回应。图 11.3 对此做出了详细的展示。

高级服务将制造商的运营范围扩大到客户的业务中来（参见本书前面 8.2 节）。组织定位的这一变化意味着新增加了许多客户接触点。如德国曼集团、伦敦地铁北线、劳斯莱斯公司的燃气轮机等，都受到我们在第 9 章专门介绍过的信息技术能力的监测。类似地，制造商的前台人员也会有更多机会与客户进行互动，比如现场工程师维护设备的过程，或是项目主管与客户方人员协商

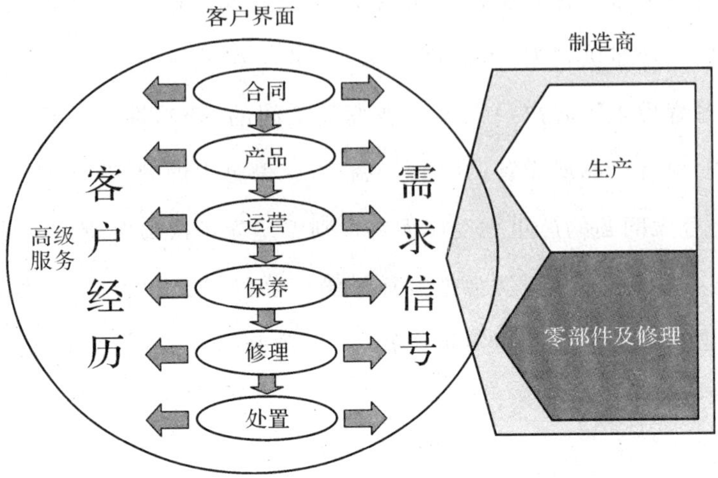

图 11.3　高级服务中制造商和客户之间的互动

维修方案等。

另外,这些接触点也能够反映某项高级服务合同的生命周期(参见表 3.4)。某项服务合同一旦签订,产品的选择、运转、维护保养、维修甚至报废处理的整个流程,都被打包交给制造商负责,最终提供给客户的只有客户所需的"能力"。所有这些阶段的服务共同组成了客户的服务体验。

因此,制造商应该全面看待接收到的需求信息。这是因为高级服务本身就意味着,如果客户的服务体验不好,制造商就需要对客户的糟糕体验承担责任。客户拥有衡量全部服务体验好坏的衡量指标,比如"乘客的等待时长"(参见本书 6.1 节)。

如果没有对客户的需要做出回应,那么制造商很有可能受到惩罚。在这种机制设计下,不论产品出现什么问题,制造商都会第一时间对客户的需要做出反应。图 11.4 形象地描绘了这个过程。

如此一来,成功实施高级服务的流程与生产导向型环境中的流程就产生了巨大差异。服务流程中的这种主动性特征,不仅体现在对故障产品的处理上,还体现在达成维修服务所需的谈判过程中。

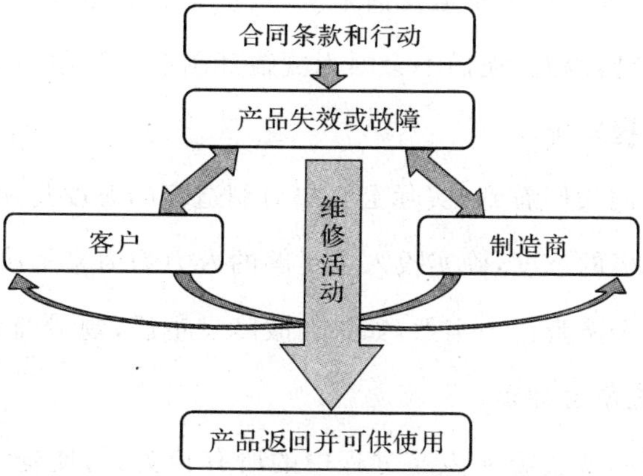

图 11.4 高级服务的反应过程

合同从签订那一刻起，就已经明确规定了产品的状态和必要的维护活动。比如，卡特彼勒公司就规定采矿场的卡车每天可以工作 20 个小时，剩下的 4 个小时由公司的经销商进行必要的维护和检修。

用户和制造商之间的互动行为更多的是沟通，而不是谈判。例如，如果挖矿车可以早于约定时间回到制造商的工厂，制造商会提前收到这个消息，那么就可以充分利用这多出来的时间进行一些更费时的维修工作。又或者，制造商方面也会偶尔出现维修工作受阻的情况，这时就意味着客户无法按时取用卡车。在这种情况下，制造商会第一时间通知客户，双方也可以尽快采用应急方案或协商出其他替代办法。

整个流程的结果是，产品由制造商召回检修，而不是简单修理了事。客户可以对制造商的服务进行打分，如果对服务结果不满意，制造商将面临惩罚条款的处罚(参见本书 6.1 节)，因此制造商有很可动力去提供令客户满意的服务。在这个例子中，如果卡车无法按时取用，制造商就会受到惩罚。

不过，在我们所调研的这些公司中，客户和制造商都在竭力避免启用惩罚条款。客户方面的行为着实出乎我们的意料。原因在于，这些高级服务合同的客户清楚地知道，他们的收益主要来自于产品的使用，而不是对制造商的罚款。再如,对维珍公司等火车运营商来说,最重要的是尽力避免因产品原因影响旅客的行程安排,因此,他们不会因为觊觎其制造商阿尔斯通公司的补偿款而耽误旅客的行程安排。

通过这些案例我们看到,实际上客户对制造商的态度是相当宽容的,只要看到制造商有积极的态度,确实投入了足够的人力物力来解决问题,一般都不会追究制造商的经济责任。当然,如果在故障发生后,制造商并没有做出应有的表现,惩罚措施就会加重。

这种沟通过程涉及服务传递过程中的所有相关方,使沟通和故障管理过程得以在整个公司内部顺畅地进行。然而,总体来说,这些过程并没有严格固定下来,也没有形成制度性文件。在调研过程中,我们了解到制造商非常愿意提供流程结构的一般性框架。对系统整体结构和关键决策点来说,一般性框架已经足够,但是在涉及大量细节问题时,大框架就派不上用场了。

但这并不是说,没有细致的规定,这些公司就是失败的,只是反映了高级服务业务所面临的不确定性的程度。只要有可能,制造商是会形成文件详细规定对应的处理流程的,例如对卡车引擎发出的错误代码该如何处理等问题。在流程规定的基础上,还需要仰仗身处一线、技能娴熟的现场服务人员。

11.3 积极主动的流程:高级服务传递的核心

在之前的章节中,我们已经介绍了很多成功提供高级服务的关键技术和实践,也解释了这些要素在传统的生产情境下的作用。我们还为每一种要素画了图表,直观地描绘了高级服务传递系统和服务实践之间的作用关系(见图 9.2),并且阐释了其他领域的实践活动将如何影响这种关系。例如,在拥有信息系统强大的预测能力后,就可以大大减少对常驻用户工厂附近的维修人员的需求量(在产品故障真实发生前就可以做出预判,提前发出警告,这样维修人员就有更多时间做出应对）。但是，在积极主动的流程中，情况并不是这样的。

流程处在高级服务传递系统的中心位置。整个服务传递系统包括绩效衡量系统、设施与设备、组织结构、技术系统和人员。图 11.5 说明了在履行合同过程中上述因素的整合方式。

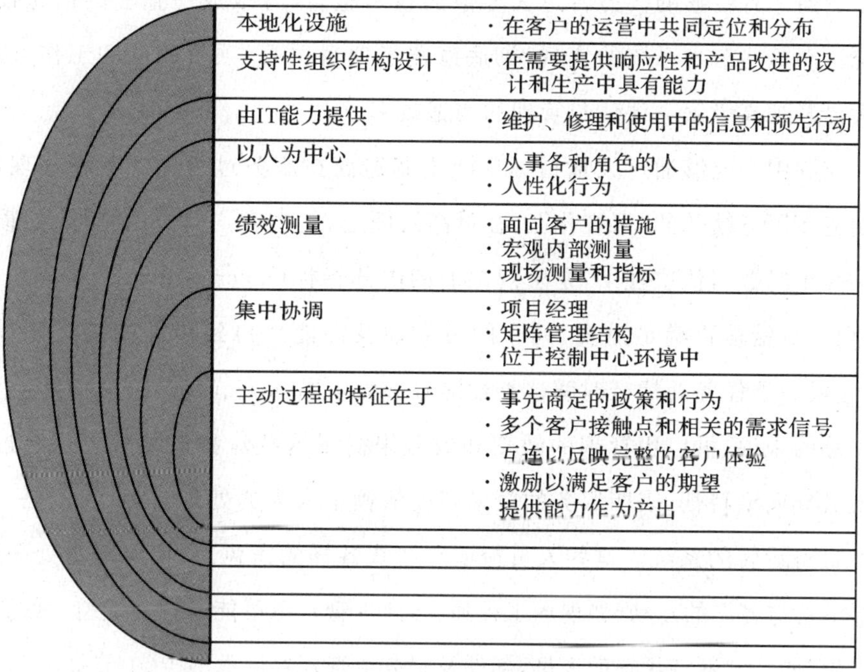

图 11.5　流程成为高级服务传递中集成技术和实践的核心

这些要素之所以能够集成，是因为过程本身所具有的一些共性：积极主动，以及我们描述过的那些特征——如事先约定的政策及行动和制造商对实现客户期望的强烈动机。实践中，总是配备有充足的方案，以确保高级服务的顺利落实。

这些过程掌握在中央控制点中，并受其指挥。在我们调查到的所有案例中，都有一位项目主管对这些流程承担主要责任。他们通常在矩阵型管理结构中工作，这使他们能够跨职能行使权力，履行合同义务。项目主管通常会频繁地与客户进行沟通,并通常被认为是制造商方面竭力促成这项合同的主要人员。

项目主管(团队)几乎总是被安排在控制中心的中心位置,他们是成功履行合同的核心要素。我们在第 9 章描述信息技术能力的时候,已经详细解释了这些技术的帮助台或控制中心的运作流程与方式。只有处于行业领先地位的制造商才有足够的实力将过去零散的技术整合、升级成一整套的信息技术系统。而这些信息系统的实现,彻底颠覆了项目主管、项目团队的工作方式,极大提升了高级服务评估与管理的实施效率。

控制中心能够通过大量指标反映出制造商在服务过程中的各种表现,实现制造商服务绩效的“可视化”。在最高层面上,是由客户打分的指标(如损失的乘客小时数),依次往下,是宏观层面的内部指标(macro internal measures)(如列车数量是否满足需要、列车的可靠性及性能),再到局部的措施和指标(如完成一项任务的标准时间这类性能)(参见本书 6.1 节)。

总的来说,可以用管理的效率和效益来衡量这些流程的绩效。这些过程的人员导向型特征,表明服务的效果高度依赖于人为的处理过程,它不是一个能够自行运转的系统。这些人员扮演着各式各样的角色,他们可能身处一线,主要负责与客户的互动(如现场工程师、会计主管),也可能承担着支持一线人员的工作(如监测设备状态的人员,部件及服务主管)(参见本书 10.1 节)。

这些人员的技能组合对流程的平稳推进起到了至关重要的作用(参见本书表 10.2)。总的来说,可以把他们的行为描述为以人为本;所拥有的技能具体包括关系建立、灵活性、服务导向、真诚、技术熟练和具有较高的情绪弹性。掌握这些技能即意味着他们可以很好地实现客户的期望。哪怕在发生意外情况的时候,他们也能够从容应对。

在这六项技能中,关系建立是尤为重要的一项。我们在之前的介绍中已经提过,高级服务的关系特征是如何与众不同。这些关系存在于人与人之间。如果员工擅于维护和培育关系,那么这些关系就会变得很强,有助于促进双方的互动与合作。

信息技术也已融入合同履行过程之中,主要运用于控制中心及相关的配套设施。在本书前面图 9.1 中,我们已对这些系统的组织架构进行了介绍。这些技术设备与服务过程直接关联,能够确保设备的维护、维修及使用能够按时开展,任何可能的故障或问题都能以最快的速度得到解决。

履行合同的过程会影响组织结构和供应链整合决策——对想要成功传递高级服务的制造商而言,设计和生产能力都需要保留下来,因为它们是确保响应速度和提升服务质量的关键(参见本书 8.2 节)。比如在服务系统出现故障时,如果某个组件对产品的性能至关重要,但却常常无法得到快速补充,那么制造商就会自己生产这种组件。

对设施设备的安排也遵循类似的原则。只有服务人员被安排在客户周围,一旦客户方面出现突发状况,才会有足够的人手及时提供支援与服务(参见本书 7.1 节)——这确保了服务过程的顺利开展。

11.4 本章小结

与传统的制造商相比,向提供服务业务转型的制造商的运营流程是截然不同的。服务化制造商需要配合客户的操作流程,具备一定的设计和生产能力,在客户周围安排应急服务设施,依赖有感知力的人力资本主动进行事故的处理工作,所有这些安排的目的都是要把设备运行中的任何故障或问题所产生的对客户的不利影响降到最低。但是,怎样才能控制这样庞大的系统呢?

制造商积极主动地实施高级服务的业务流程,并且很好地做到了与客户的协调与配合。设备性能及绩效的相关政策都事先得到确定。一旦出现某种故障,制造商必须在很短的时间窗口之内做出回应,如果处置得好,会有对应标准的奖励,反之也会实施惩罚条款。一切努力都是为了将客户操作过程中的干扰和损失降到最低,也因此需重视制造商内部及与客户之间的密切沟通与合作。

第四部分

制造服务化的准备

本书的最后部分是对全书的总结和对未来的展望。到目前为止，我们都在着重介绍制造服务化的概念、实践以及支撑高级服务传递的技术能力。这些当然都是成功实现服务化的要点。然而，对服务化的具体实践来说，组织还需要知道该如何进行服务化，该从哪里开始服务化以及怎样做才能使服务化获得最大的成功。

对这项变革的管理催生出一系列新的研究问题。这些问题所包含的内容非常庞大，本书这一部分无法涵盖全部信息。故在最后一章中，我们尝试对适合制造服务化启动的条件因素，包括行业层面和具体业务层面的因素以及决定这种转型能否成功的影响因素进行总结。

具体来说，在这部分，我们将：

(1)总结制造服务化和高级服务：

- 制造服务化是制造商以在产品的基础上增加服务的方式进行市场竞争的转型过程；是制造商从生产导向向服务导向的转型。
- 高级服务是制造服务化过程中的一种特殊情形。在高级服务中，客户从产品使用中获得的能力就是制造商为客户提供的价值。
- 高级服务通常还包含其他特征，如需在更长的产品生命周期中建立与客户的关系，制造商需承担更大的责任或风险，客户需定期向制造商的服务支付费用。

- 高级服务需要实践和技术系统的紧密配合才能实现。

(2)探索反映制造服务化准备情况的因素：

- 影响某项业务服务化准备情况的因素。
- 影响某个制造商及其客户服务化准备情况的因素。

(3)如具备以下方面，则说明具备了向服务化转型的能力与条件：

- 强有力的领导。
- 了解情况并愿意参与的客户。
- 高级服务的实施平台。
- 员工拥有以人为本的服务技能。
- 愿意探索新技术。
- 愿意建立基于关系的战略供应合作伙伴关系。

12 开始转型

在20世纪80年代到90年代早期，许多制造商对精益生产还抱有怀疑态度。到了21世纪的今天，我们似乎已经很难理解居然有人曾怀疑过精细化的生产思路。精益生产思想的普及，花费了至少30年的时间。

在本书的前面部分，我们已经将制造服务化与刚开始实施精益生产方式的阶段进行了对比。那么，制造服务化这一概念可以传播得更快吗？显然，每一个制造商或多或少都有服务化的动机。我们的目的也很简单：制造服务化有助于制造商实现多元化，提升他们应对经济周期的能力；从环境保护角度来看，这种转型可以使各项活动在当地完成，减少对供应链的依赖。虽然这些理由已经较为充分，但是这种创新想要获得关注和认可并且获得收益，还有很长一段路要走。

率先实施制造服务化的这批企业在市场中已经具有了较高的知名度。比如在过去十多年中，服务收入已占到劳斯莱斯公司收入的约50%，这个例子已经被引用得太多了。但是，又有哪家企业做好了准备，成为下一个标杆呢？尽管商业环境越来越偏向制造服务化（见第一部分），但在实践中，总有一些行业和企业要比其他行业或企业落实得好。① 那么，这里所面临的一个问题就是：

---

① 在本套“世界制造服务化译丛”中的另一本《制造服务化手册》中，用了一半的篇幅分行业详细介绍了欧洲制造服务化的进展情况。译丛中的《服务供应与采购》也以近一半的篇幅分项目介绍了欧洲大型复杂工程中制造服务化的前沿实践。——译者注

如何才能慧眼识珠,挑选出“潜力股”呢?

本章分别从中观和微观两个维度,探讨有利于制造服务化的行业和组织层面的条件。我们具体从总结制造服务化和高级服务的特点着手,对比分析服务导向型和生产导向型这两种模式的差异。最后,我们探讨了制造服务化的未来发展方向和需引起注意的地方。

12.1 制造服务化、高级服务与传递系统的总结

人们普遍能够理解制造工厂的概念。尽管大家不一定能跟上生产实践发展的最新动态,在理解上也可能存在偏差,但是相信大部分人还是容易想象出以下的生产画面:工人在生产线上熟练地进行,加工和组装产品等操作,然后企业将产成品卖给客户。但是,制造服务化情境下的流程就没有这么简单了,大家也很难想象出整个过程。

事实上,本书的一大目的就是要解释清楚制造服务化及其相关概念。在本书第二部分,我们将制造服务化解释为一种战略调整,制造商通过提供高级服务进行市场竞争;在第三部分,我们描述了保障服务传递系统高效运转的实践活动和信息技术。在制造服务化路线图(见本书图 4.5)中,我们刻画出了制造服务化的主要特征,并用灰色突出了高级服务,因为这是能为制造商带来高价值的环节,自然也是我们关注的焦点。

高级服务是制造服务化的一个特例。与直接将产品卖给客户的传统方式不同,高级服务的实质是在客户使用产品的过程中为客户提供某种能力。这就要求制造商在保持自身设计和产品竞争力的基础上,进一步向服务领域扩张。不少情况下,制造商是把活动范围延伸到了原本由客户自己完成的领域。而一旦进入客户的能力圈,制造商就不可避免地会触及客户的大量核心业务与流程。

高级服务通常独具特色,包括:合同期限较长(通常有 5～15 年),制造商需要承担服务活动的责任(与风险),根据客户对服务的使用情况收取费用等。

一般而言，人们在谈到绩效合同、可用性合同（availability contract）以及风险和收益共享合同等名词时，其实就是在描述高级服务。

当然，高级服务并不是新的商业模式，只是首次被引入制造领域而已。在原先的情况下，都是由客户自己或者客户的服务伙伴来处理我们所指的这些高级服务。那么，在制造服务化背景下，创新点就在于增加了新的服务提供主体——制造商。当然，制造商进入新领域的动机和收益都非常明显：在增加价值的同时，与客户建立长期的亲密关系使用，把竞争对手拒之门外，从而形成收益和利润都得以提升的良性循环。

当然，制造服务化的成功是一系列因素共同作用的结果。制造商必须在恰当的时间为正确的客户提供符合其需求的产品及服务。在分析过程中，我们的注意力主要集中在制造商组织结构的变化上。

高级服务由产品—服务系统提供。PSS 的概念通常涵盖了金融机制和“服务传递系统”，这些差异就要求制造商将其服务提供方式与传统的生产模式区别开来。具体来说，包括服务设施距离客户工厂较近，所需零部件能及时补充，服务人员具备关系建立、灵活性、服务导向、真诚、技术熟练及较好的情绪弹性等特点。这些职员往往需要结合客户的运营流程情况，借助信息技术实现对产品日常运行的远程监控。对整个系统的最终评价主要依赖于产品为客户创造的价值，具体衡量指标则分散分布在整个服务传递流程的各个环节之中。这种对考核点的分散分配也是一种策略，目的是在服务的整个流程中都能向客户展现出制造企业的价值。

这个系统对服务的传递起到了至关重要的作用。在该有机整体中，这些实践活动和技术能力相互联系、互相影响，实现互补与平衡。而系统一旦上线，就会对组织情境以及高级服务的特点等产生全面影响。当然，所有元素必须协调一致，共同为一个目标服务，即为制造商提供：

- 低成本回应客户的能力；
- 提升投入产出效率的能力。

千万别低估这种转型的范围和深度。也许有人会认为,制造服务化就是在产品的基础上增加一些服务。但这并不是制造商真正需要面对的组织变革。从根本上来说,制造服务化意味着制造商通过在产品中增加高级服务,实现从产品导向型向服务导向型范式的转变。表 12.1 说明了这两种系统间的关系。

表 12.1 高级服务传递系统的特征汇总

<table>
<tr><th colspan="2">特征</th><th>产品导向型</th><th>服务导向型</th></tr>
<tr><td colspan="2">范围/专注于</td><td>最终产品的设计与生产</td><td>产品的设计与生产,并安排高级服务</td></tr>
<tr><td rowspan="4">业务</td><td>形式</td><td>产品(或基础服务)</td><td>高级服务</td></tr>
<tr><td>产出</td><td>产品的提供/所有权</td><td>通过产品的使用所提供的能力</td></tr>
<tr><td>典型特征</td><td>交易型销售;
对产品故障的维修;
一次性的销售收入</td><td>在产品的整个生命周期内,制造商与客户建立的合作关系;
涉及更多的责任、风险和惩罚;
定期的收益</td></tr>
<tr><td>绩效测量</td><td>考核集中在产品的成本、质量及传递方面</td><td>与客户从产品的使用中所获得的收益有关,具体指标分布在整个服务传递系统的各个环节之中</td></tr>
<tr><td rowspan="5">服务系统的特征</td><td>设备及其位置情况</td><td>集中,以实现规模经济、获得自然资源和市场</td><td>自主开发或采购设备,分布在客户周围</td></tr>
<tr><td>垂直整合</td><td>对需要控制成本、保障质量的环节进行整合</td><td>业务范围从单纯生产扩大到服务领域,并需要与客户活动进行紧密整合;包括大量的前台服务活动,后台支持性的设计及生产能力</td></tr>
<tr><td>信息技术</td><td>专注于物料流的计划和控制</td><td>扩大到通知功能;涉及日常维护、维修与使用过程中的高级活动</td></tr>
<tr><td>人员配备及技能</td><td>技能娴熟、懂得分析、值得信赖的员工</td><td>“前台”员工灵活、擅长人际沟通、服务导向、态度真诚、技术熟练,且情绪弹性较好</td></tr>
<tr><td>业务流程</td><td>通过售后服务获得需求信息,具有“英雄式复苏”的倾向</td><td>拥有丰富的业务流程,通过大量“客户接触点”与客户建立密切的联系,主动管理生产现场的设备状态、使用情况及地理位置等数据</td></tr>
</table>

最后,还需注意一点:制造服务化和高级服务在很多方面都容易混淆。误解通常发生在以下方面。

(1)**资产所有权**:转型后的制造商仍然会出售它们的产品,但所有权往往被转移到金融机构的手中,而不再为使用者所有。这样一来,客户只需每月支出一笔固定费用,作为支付生产设备的租赁费用和维护设备的服务费用。

(2)**产品—服务系统和服务传递系统**:产品—服务系统指的是向客户传递产品及服务的完整系统(包括金融工具和供应商关系),而服务传递系统则仅仅是涉及制造商自身业务流程的那部分子系统。

(3)**制造能力**:制造服务化过程需要制造能力的持续提升。制造服务化的目的不是成为一家服务公司,支持服务传递系统的技术和实践活动与生产领域同样十分复杂。

(4)**制造服务化与高级服务**:高级服务是制造服务化的一种特殊形式。直接在产品的基础上增加一些服务虽然也是一种制造服务化的形式,但这种方式只能为制造商带来较低的商业价值。

12.2 制造服务化的准备

在开始这项研究前,我们并没有想要研究“进行服务化的时机”这个问题。然而,在研究过程中,我们逐渐加深了对相关问题的认识,诸如在行业及制造商层面,从制造服务化过程中盈利需要多长时间,有哪些因素支撑着高级服务获得竞争优势等。

12.2.1 评估准备情况的指标:行业层面

商业组织往往会根据所处的环境调整自身的战略。在本书第 2 章中,我们分别从经济、环境和市场角度对服务业务的市场需求情况进行了分析。同时也说明了,随着技术和知识基础的不断完善,制造商对市场的把握能力也在不断提升。因此我们认为,向服务化转型是西方制造企业发展的必然趋势。

当然,如果行业的持续发展必须依靠清晰、牢固的所有权,例如珠宝和豪车这种久负盛名的奢侈品行业,则服务化的速度必然会慢很多,甚至最终无法实现。尽管像自助洗衣店这类集中式的服务既节能又环保,但是在更为强大的市场因素和社会因素影响下,商家仍然不得不掌握产品的所有权。

因此,只有在满足特定条件的行业和领域,才可能出现制造向服务化的发展。我们在第 2 章的分析中就暗含了这些必要条件。下面的表 12.2 再次对这些要点进行了归纳,每一个要点都用一个问句表达出来。问题的答案中,回答"是"的数量越多,则实施服务化对企业/行业的帮助越大,收益也越多。这种分析过程有着深层的内在含义,而绝不仅仅是程序化的分析套路。来自西欧的三个例子有助于我们理解这一点,这三个案例分别来自机床业、汽车产业和服装行业。

表 12.2 行业层面制造服务化准备情况的指标

行业因素	行业层面的问题
经济因素	产品的主要市场是在欧洲和北美国家吗? 这些产品的使用生命周期长吗? 这些产品容易运输和进口吗? 产品的生产商拥有独立的品牌吗? 产品的生产是劳动密集型的吗? 产品是批量生产的吗? 新产品创新的机会是否非常少? 成本大幅度下降的可能性是否很低? 对创新进行保护是否困难? (已投入使用)产品的数量是否很大? 在这些已有的安装基础中,是否有机会通过提供服务获得收益增长?

续表

行业因素	行业层面的问题
环境因素	生产过程需要消耗大量能源和/或原材料吗? 产品在使用过程中会消耗大量能源和/或原材料吗? 能源和原材料的消耗量可以通过增加服务而减少吗? "绿色组织"等资质证书有助于提高竞争力吗?
市场/社会因素	服务业务是否可以有效抵御替代产品的威胁? 对服务本身的需求量是否会增加? 产品可以为服务创造新的机会吗? 有可能以提供服务为主、提供产品为辅吗?
技术因素	如果产品"可见",服务是否会更受欢迎? 信息技术有助于提高产品的可见性吗? 这些信息技术可以随时调用吗?
知识因素	当客户只能从产品的使用中获得价值时,目前的服务业务是否仍然适用? 当服务活动的操作流程与生产活动截然不同时,目前的服务业务是否仍然适用? 当组织结构、原则和流程可能需要改变时,目前的服务业务是否仍然适用? 当服务能够提供一种长期、可持续性的业务模式时,目前的服务业务是否仍然适用? 当服务活动由产品、人员、技术和业务形成的统一整体进行传递时,目前的服务业务是否仍然适用?

在欧洲,机床制造商面临着严峻的经济压力。具体表现在:产成品的运输相对容易,制造成本高昂,产品创新需以大量专家和投资为前提,降低生产成本的可能性较低。而客户一旦买下产品并投入使用,想要重新调整的难度和成本就会增大。如此一来,这些客户就被绑定在这些产品上。相应地,制造商也就获得了提供服务的机会。环境因素也有利于服务业务的开展。只要激励措施适当,机床生产厂商们能够大幅减少设备运行所需的能源消耗量以及切割液等耗材的消耗量。机床技术的技术标准等指标已经较为成熟,数据也容

易查找到,因此,对机床进行远程监控相对容易实现。或许,制造服务化过程中的最大障碍来自于客户和制造商自身对服务化的认识及投入程度不足。不过,即使在上述不利因素的影响之下,有报告显示,机床产业的服务化范围正在不断扩大。①

汽车产业的企业规模更大、产量更高、生产设备更先进,服务业务也更发达,但是,整个产业对环境波动的敏感性也更大。法国标致汽车公司的租赁业务就是当前的一个主要例子,它的销售口号是"只提供锦上添花的服务"。标致公司提供各种类型的服务,包括汽车打蜡、质保服务、故障检修以及车险服务。这些服务的期限为 3 年,通过分期付款,用户每月只需支付部分费用。不过,有很多这种租赁模式并没有捕捉到高级服务的本质(而只是在努力让更多的车辆可以纳入维修范围,尽量缩短服务的时间,却没有考虑客户的"移动性需要")。

现在,已经到必须改变这种情况的时刻了。随着世界经济走向复苏,环境问题必将接受严峻考验。能源的消耗、排放及循环使用将会受到越来越严格的监测和审查。我们似乎已经能看到部分聚焦细分市场的车辆燃料供应公司正在开发服务业务,如严格的汽车可用性合同(car availability),未按合同规定履约的惩罚措施,按行车里程收费等,而汽车制造厂商也已经着手提供高级服务业务了。②

时装行业与上述两个例子截然不同。该行业企业的竞争风险更大,随时有破产的可能:产量很大,原材料和技术相对简单且变化不大;消费需求非常旺盛,因市场广阔,该类企业的公司估值一般不会很高,从而取得所有权的成本很低。但是,哪怕在这样的行业中,仍然发生着意料之外的创新活动。比如

① 在本套"世界制造服务化译丛"另外一本《制造服务化手册》的第 7 章,就详细描述和讨论了欧洲机床工业制造服务化的现状。——译者注

② 在本套"世界制造服务化译丛"另外一本《制造服务化手册》的第 4 章,就详细描述和讨论了欧洲汽车工业制造服务化的现状。——译者注

一些公司注意到，对一些名牌设计师设计的服装，有些顾客看重的是出租服务，因为这些顾客只是想在某些特殊场合穿上它。对这些顾客来说，他们现在已经通过在网上挑选衣服款式然后快递到家的方式满足了需求。并且，在穿用之后也用快递的方式退还租用的服装。

这是一种还处在萌芽阶段的商业模式，并且由纯粹的服务提供商（而不是生产商）从事相关工作（因此还不是真正的制造服务化）。当然，我们可以设想生产商们也可以提供类似的服务——比如把服务融入产品的快速设计和生产环节，生产车间设在距离客户较近的地方，使用无线射频识别标签（Radio Frequency Identification Devices，RFID）来跟踪服装的使用情况和状态等。我们都清楚，要想通过这种模式实现时装业的振兴，未来还需付出很多努力。积极的一面在于，这些尝试都说明了同一个问题：在很多领域都可以实施制造服务化。

12.2.2 评估准备情况的指标：制造商层面

在进行这项研究的过程中，我们曾被多次问道：对企业个体而言，什么环境及企业状态适合（或不适合）进行服务化转型？类似的对话最后都会落在以下几个方面：产品的复杂性，获得所有权的成本以及如果在服务过程中出现问题会给客户带来怎样的风险。通过对大量企业的深入研究，我们发现，还有更根本性的因素决定着制造服务化的适应性程度。

制造商必须首先确保自身的健康发展，这一点很容易理解。服务化并不是一种快速修复制造企业原本就存在的运转问题的方式，因为服务化只会增添（而不是减少）更多的工作任务；服务化建立在如精益管理和六西格玛等质量管理理念的基础之上，而不是替代这些管理理念。如果产品本身质量不过硬，即使服务的水准再高，为客户提供的效用也会打折扣。从成本控制的角度来看，如果要把服务的成本控制在最低水平，那么必须保证产品的性能优良。

对有能力实现服务化的制造商来说，有一些指标能反映它们的准备情况。

实施服务化必然会使得制造商由传统的生产模式实现升级,本书中的这些行业领头羊们也都有着相似的动机(详见第 4 章)。在这些共同目标的驱动下,制造商认真思考着提供高级服务的条件及可能性(见表 12.3)。

表 12.3 服务化的动机

制造商愿意实施高级服务的情形	客户愿意接受高级服务的情形
通过提供服务,不但完善了自身的业务流程,还能够让客户获得更大的成功。	通过提升产品/资产绩效,可以降低运营成本和风险。
通过对现有客户开设新的服务业务,有机会提高收入水平。	客户希望其管理团队集中精力专注于核心业务活动。
可以甩开竞争对手,同时获得长期、稳定的现金流。	客户希望通过把固定成本转化为可变成本,反映收益情况,提升财务能见度。

当然,动机只反映了一种意愿。要想真正落实服务化,还需要更细化的要素(见表 12.4)。必须考虑到的重要指标包括产品性能、对实施的理解、对成本的良好控制以及金融工具的运用。制造商与客户之间的关系越紧密,关系持续的时间越久,成功实施服务化转型的可能性就越大。卡特彼勒公司的例子很好地说明了这一点。卡特彼勒公司与很多经销商的合作历史都已经超过 50 年,与许多客户群体的关系也持续了大约 50 年的时间。这种长达半个多世纪的关系积累是一笔巨大的财富,也为高级服务的提供奠定了能力基础。

表 12.4 评估准备情况的指标:以某企业为例

因素	制造商可能会提供高级服务的前提条件	客户很可能会采用高级服务的前提条件
文化	客户能够在合同条款规定的范围内,正确使用产品	专注于核心业务活动的文化(意愿)
关系	制造商之间/与客户/与供应商的关系可靠,值得信赖	客户之间/与制造商/与其客户的关系可靠,值得信赖
应用	客户能够在固定地点、反复使用这些设备(资产)进行生产活动	制造商对其产品有着深刻的了解和认识

续表

因素	制造商可能会提供高级服务的前提条件	客户很可能会采用高级服务的前提条件
成本	能充分了解客户方面可能产生的成本，以及自己未来可能产生的成本	充分理解对自己当前和未来会产生的成本
资本运作	有通过资本运作采购生产设备的渠道	有制造商可以提供融资，为设备的采购提供资金
合同	在制造商之间、与客户和供应商之间签订风险和收益共享合同	有制造商可以提供可靠的风险和收益共享合同
可见度	在设备使用过程中，对设备的健康状况、性能及使用情况等指标数据的掌握情况	在设备使用过程中，制造商能够提供设备的性能及使用情况等指标的数据
支持	相信自己能提供满意的服务	相信制造商具有履行服务合同的能力

表 12.3 和表 12.4 中的因素已经可以揭示出组织在服务化转型的过程中开始获利的时间点。当然，公司在诸如追求服务化战略的收益等问题上，还需要自己做出最终的选择。因为虽然意图和动机很强，但在成功实施转型的道路上还会遇到很多困难和障碍。

12.3 克服转型的阻力

找出影响制造服务化过程的因素，这只完成了制造服务化进程的一半。即使制造商发现有利可图从而决定采取制造服务化战略，但在具体实施过程中还将面临如何才能成功进行服务化？向服务化的转型过程该如何开展以及该从哪里着手等问题。

我们必须做足功课才可能有理有据地回答上述问题。在调研过程中，不少人都向我们描述了他们的公司在转型过程中所遇到的障碍和挫折。值得一提的是，他们也分享了克服这些困难并最终获得成功的经历和经验。这些都是非常有价值的资料。

对制造商来说,实施服务化转型的起始状态至关重要。对运营状况良好的制造商来说,组织的转型将面临巨大的挑战。而如果制造商原本就存在某些问题或不足,那么这种难度还将进一步加大。正如我们一直强调的,对制造商来说,进行服务化转型并不能保证百分之百成功,更不是成功的"捷径"。虽然目前对高级服务的需求与对产品本身的需求旗鼓相当,但是高级服务落实不到位所产生的后果却要严重得多。

因此,转型战略需要好好地策划和布局。在管理转型与变革的过程中,挑战不可避免,有些矛盾甚至更为尖锐。下面这 6 条是调研过程中最常被提到的有助于转型成功的因素:

(1)强有力的领导:高级主管深刻理解制造服务化的概念,掌握实施细节,并能向员工清晰表达公司的发展规划及自己的想法;在具体执行过程中能鼓励并指导员工,具有较强的人际技巧。

(2)客户沟通良好,参与度高:客户也愿意参与到服务业务的传递过程中来。规模越大的公司就越大胆、主动性越强,会专注于它们的核心能力(从而让客户参与更多的服务传递);而规模较小的家族式企业则容易出现抵触心理,更喜欢让自己沉浸在传统的产品设计、生产和销售的封闭环中(从而拒绝客户参与)。

(3)高级服务的平台:已经拥有高效的"前台工作人员"处理基础及中级服务;组织内各部门协调配合顺畅,可为高级服务提供支持。

(4)员工技能娴熟,以人为本:拥有具备服务技能的核心人员。能意识到服务型人员与生产型人员存在较大差异,因此,也常常需要新的人员招聘与激励安排。

(5)学习新技术的意愿:认为学习信息技术和技能是进行服务化转型的保障;并且,企业认为自身能力还有欠缺,因此还无法提供可持续的竞争优势。

(6)愿意建立关系型的战略供应合作关系:有意愿与符合条件的供应商签订风险和收益共享协议。制造商需要在设计和生产环节积累自己的实力,以防出现供应商无法给予必要回应，或业务能力不符合要求而影响客户企业运作的情况。

各方对制造服务化的期望很高，并且这种期望符合创新周期的循环过程：从期望的泡沫开始被吹大到泡沫破灭，再到回归理性，最后达成一致认识。不过，制造服务化这个概念也不算是新的概念了。一些制造商已经走到了服务化的成熟阶段，还有部分制造商正在寻求服务业务的创新与突破，而剩下的那部分制造商因为已经脱离服务业务很久了，因此刚开始调整其传递系统。在服务化过程中，不能认为服务业务全部都是新增业务，一切需要从头开始或完全不同于现有业务，也不能认为服务业务只是为客户企业多提供了一项选择，而必须意识到服务传递系统是一个紧密联系的整体。成功有共通的必备要素或路径，高级服务也不例外。但是，要想真正把路径问题理解透彻，并不是一件容易的事，也往往会引起对未来发展方向的大讨论。

12.4 未竟的旅程

制造服务化是一个概念，该概念早在 19 世纪就已经存在，并不是近几年才兴起的。当然，新的部分在于本书从制造服务化视角切入，全面介绍了制造服务化的理论与实践，这有利于我们发现和把握制造服务化的机会与方向。

通过制造服务化战略，我们可以清楚地看到制造商的自我定位，制造商对客户的态度以及双方的地位。与通过设计、生产和销售创造价值的传统产品模式不同，实施服务化的制造商成为某种能力的提供者，通过所生产的资产性产品帮助客户实现部分功能。这种战略上的改变对制造企业的组织架构和经营决策都会产生重要影响，还会深层次地影响战略决策、产品设计以及资源分配。

与生产型企业相比，提供服务业务的企业看待问题的角度全然不同。我们姑且用范式不同这个词来概括这种差异。对运用高级服务寻求竞争优势的制造商来说，不能孤立看待一项项实践活动，而是要组建一个完整的产品—服务传递系统,协调内部要素,共同为客户服务。这种情形与20世纪80年代对准时生产思想的接受过程非常类似。最早引进准时生产概念的时候,制造公司只是引入了看板管理,而没有减少设备的启动时间,没有简化流程,没有发展供应商,更没有重视生产计划。

对制造型公司来说,制造服务化仍处在发展完善阶段,我们的理解也在不断更新。在很多行业中,还有很多实现发展和获取竞争优势的机会。在制造业利润持续减少的大背景下,服务化转型是各个制造商都感兴趣和关心的话题。

在研究过程中,我们感到制造商才刚开始重视制造的服务化趋势与方向。是什么因素阻挡了它们进一步探索与尝试?在实施过程中,又有哪些环节需要创新?在我们看来,最根本的障碍还在于语言和认知模式的差别,学术界和业界都存在这个问题。传统的制造商认为自己与服务提供商截然不同,产品与服务也完全不是一个概念。正如我们在本书3.1节探讨过的,生产型人员很难理解服务的价值,而服务型员工通常也无法掌握工程和生产技术。克服这种偏见或许是我们最大的挑战。

最后,需要再次强调的是,本书并不是要鼓吹制造服务化和高级服务有多好,只是想告诉读者有这样一种趋势。而作为介绍的背景和铺垫,我们全面审视了制造服务化这个概念。一些人认为,制造服务化只是在产品的基础上增加更多的初级和中级服务。还有人则从IBM等公司向服务业务的扩展中,看到了崭新的领域与未来。对企业来说,这两种观点都具有非常重要的价值和借鉴意义。

当然,我们的观点又与上述两种观点有所不同。我们认为,在制造服务化的过程中,制造商应把工作重心放在高级服务业务上。高级服务体现了服务理念与服务对象从支持"产品"的服务向支持"客户"的服务的转换。当然,至少在概念发展的初始阶段,一定会有人认为高级服务是制造服务化的特例,对此我们不做过多评说。只是在本书中,我们强调了高级服务对制造商收益及其稳定性的重要作用,并且认为,高级服务可以为推动环境和社会的可持续发展做出巨大贡献。

附录 文献导读和致谢

我们在20世纪90年代研究“全面服务制造”(Total Service Manufacturing)概念时就产生了要写本书的念头。当时,全面服务制造的相关研究成果得到发表,其中就包括以英国贸易和工业部名义发布的报告。在评审“全面服务制造”研究的过程中,英国贸易和工业部意识到,随着精益技术逐渐被市场采用,新技术的利润空间已趋于饱和。在这种情况下,制造商一定会寻找新的机会,实现新的差异化竞争。英国贸易和工业部的这一观点与我们在企业实践、行业研究与企业咨询中的感知与判断不谋而合,由此激发了我们研究制造商通过服务业务实现竞争优势的兴趣。

2006年,我们的“制造服务化和产品—服务系统”研究项目获得了英国工程和物理科学研究委员会的资助。也是从那时起,我们结交了不少兴趣相投的学者同仁,大家一起努力研究直到现在。在整个研究过程中,我们尤其要感谢David Stephenson, Andy Neely, Joe Peppard, Steve Evans, Raj Roy, Rick Greenough, Veronica Martinez, Mark Johnson, Essam Shehab, Ashutosh Tiwari, David Tranfeld, Palie Smart以及John Kay。另外,我们也从其他专家学者的研究中获得了不少启发。我们参考的文献包括:

• Chase, R. and Garvin, D. (1989). *The Service Factory*, Harvard Business Review, 67(4), pp. 61-69.

• Gebauer, H., Fischer, T. and Fleisch, E. (2004). *Overcoming the Service*

Paradox in Manufacturing Companies, European Management Journal, 23(1), pp. 14-26.

- Mont, O. (2000). *Product-Service Systems*, Final Report for IIIEE, Lund University.

- Oliva, R. and Kallenberg, R. (2003). *Managing the Transition from Products to Services*, International Journal of Service Industry Management, 14(2), pp. 1-10.

- Spohrer, J., Maglio, P., Bailey, J. and Gruhl, D. (2007). *Steps Towards a Science of Service Systems*, Computer, January, 71-77.

- Tukker, A. (2004). *Eight Types of Product Service System; Eight Ways to Sustainability? Experiences from SUSPRONET*, Business Strategy and the Environment, 13, pp. 246-260.

- Vargo, S. and Lusch, R. (2004). *Evolving to A New Dominant Logic for Marketing*, Journal of Marketing, 68, pp. 1-71

- Voss, C. (1992). *Applying Service Concepts in Manufacturing*, International Journal of Operations and Production Management, 12(4), pp. 93-99.

- Vandermerwe, S. and Rada, J. (1988). *Servitization of Business: Adding Value by Adding Services*, European Management Journal, 6(4).

- Wise, R. and Baumgartner, P. (1999). *Go Downstream: The New Profit Imperative in Manufacturing*, Harvard Business Review, Sept./Oct., pp. 133-141.

在我们研究的初期阶段,制造服务化和产品—服务系统的概念还比较新,综合运用与实践的案例不多,自然也就不容易判断能够为行业贡献多少价值。因此,我们需要不断巩固和加强自身的知识储备和认知能力。在这个阶段,我们非常荣幸能够调研劳斯莱斯公司,初步了解它的高级服务业务及其运作方式。在这里，我们要特别感谢该公司以下人员的大力支持：Miles Cowdry, Jonathan Throssell, Ian Callendar, Neil Brown, Peter Roberts, Ian Jennions, Tim Plant, Rob Hill, Malcolm Watling, Mark Reddish, Jane MacDonald 等。受篇幅所限，无法一一列举他们的名字。事实上，在整个项目过程中，我们都与劳斯莱斯公司保持着联系，在此也非常感谢 Andy Harrison 和 Charlie Dibsdale 一直以来对我们的帮助和支持。

为了让本书的内容更加充实，我们进行了第二轮的文献回顾和整理及行业实践调查。在这些工作之后终于找到了一个问题的答案，我们从研究伊始就对这个问题非常感兴趣：当制造企业完全实现服务化以后，组织结构会发生怎样的变化。在这一过程中，我们想要感谢许多人，特别是 Dan Whitney（麻省理工学院）、Morgan Swink（得克萨斯基督教大学），以及 Ornella Benedettini（意大利巴里理工大学）。以下是就这一问题我们所发表的论文清单：

- Baines, T. , Lightfoot, H. , Evans, S. , Neely, A. , Greenough, R. , Peppard, J. , Roy, R. , Shehab, E. , Braganza, A. , Tiwari, A. , Alcock, J. , Angus, J. , Bastl, M. , Cousens, A. , Irving, P. , Johnson, M. , Kingston, J. , Lockett, H. , Martinez, V. , Micheli, P. , Tranfeld, D. , Walton, I. and Wilson, H. (2007). *State-of-the-Art in Product Service-Systems*, *Proc.* IMechE Part B: Journal of Engineering Manufacture, pp. 221, 1543-1533.

- Baines, T. S. , Lightfoot, H. , Benedettini, O. , Whitney, D. and Kay, J. M. (2010). *The Adoption of Servitization Strategies by UK based Manufacturers*, IJMechE Part B, 224(5), pp. 815-830.

- Baines, T. S. , Lightfoot, H. and Benedettini, O. (2009). *The Servitization of Manufacturing: A Review of the Literature*, Journal of Technology Management, 20(5), pp. 547-567.

- Baines, T. S. , Lightfoot, H. and Kay, J. M. (2009). *Servitized Manufacture: Practical Challenges of Delivering Integrated Products and Services*, IJMechE Part

B,223(1-9),pp. 1207-1215.

• Baines, T. S. , Lightfoot, H. , Peppard, J. , Johnson, M. , Tiwari, A. ,Shehab,E. and Swink, M. (2009). *Towards an Operations Strategy for Product-centric Servitization*, International Journal of Operations and Production Management,29(5),pp. 494-519.

在这些研究成果的基础上,我们又对卡特彼勒公司及其部分经销商、德国曼集团英国分公司、施乐公司和阿尔斯通运输公司进行了深入的调研与访谈。这些工作加深了我们对制造服务化的理解。上述每一家公司都为我们提供了大量的人员支持,我们也收集到大量非常有用的信息。我们在此一并表示感谢,特别是:

• 美国皮奥瑞亚市的卡特彼勒公司:Jon Greiner, Heng Zhou, Bob Wille, Andy Wendling, Anthony Mountjoy, Bob Wille, Andy Wendling, 以及 Anthony Mountjoy。

• 卡特彼勒的经销商:Dave Barta, Mike Glen(科罗拉多州的瓦格纳设备/*Wagner Equipment*,*Colorado*);Jim Kenagy, Ben Romney(犹他州的惠勒机械/*Wheeler Machinery*,*Utah*);Mike Johnson, Richard Black(霍桑机械/*Hawthorne Machinery*);Mike Hulon, Dyke Rasco, Justin Homann(得克萨斯州的野马机械/*Mustang Machinery*,*Texas*);Bob Bacon, Terrill Surrett(阿拉巴马州的汤普森拖拉机/*Thompson Tractor*,*Alabama*);Joe Swayne, Tim Huffman (佐治亚州的杨斯 · 兄弟/*Yancy Bros*,*Georgia*);以及 Paul Ryder, Marcus Pitt (*Finning*,*UK*)。

• 德国曼集团英国分公司:Des Evans, Dennis Evans, David Cussons, Derek Mensing, Andy Turner, David Lester, John Davis, Vince Welsh, 以及 Geoff du Plessis。

• 英国施乐公司: Andy Jones, Zac Emmett, Jonathan Leaper, Nigel Smith, Chris Pickering, Paul Gaiser, 以及 Alicia Cuadra。

• 英国阿尔斯通运输公司：Mike Hulme，Alex Stephenson，Martin Higson，Pierre Baupre，Tom Fallon，Andy Grabham，Justin Southcombe，Roy Sullivan，Tim Bentley，Adrian Grigg，Piers Wood，Michel Marien，以及 Jean-Francois Blanc。

我们还做了 9 个补充研究，以加深我们对技术和实践的理解，以下人员为我们提供了大量支持与帮助：Ian Colville（Aculab），Jason Abbott（KnorrBremse），Mark Smith（Weatherite），Sally White（史密斯探测公司/Smiths Detection），Terry Newby（SSP Pumps），Richard Guest（弗劳德霍夫曼/Froude Hofmann），Reg Gott（Nuaire），Kevin Wright（贝克珀金斯公司/Baker Perkins），Brett Sanders（斯奈尔公司/Snell），以及 Chris Allen（Meggitt Aircraft Braking）。

与此同时，我们的学术圈子也在不断发展壮大，有大量国内外学者通过各种方式参与到我们的研究中来，为我们提供了很多帮助与支持。我们特别要感谢 Tim McAloone（丹麦科技大学），Horst Meier（德国波鸿大学），Gunter Zieliger（柏林工业大学），Jan Holstrom 和 Saara Brax（赫尔辛基理工大学），Arnold Tukker（荷兰国家应用科学研究院），Carlo Vezzoli（米兰理工大学），Heiko Gebauer（瑞士伊瓦格/EWAG，Switzerland），以及 Jay Lee（美国辛辛那提大学）。还有来自英国的 Martin Spring（兰卡斯特大学），Irene Ng（埃克塞特大学），Chris Voss（伦敦商学院），Andy Davis（帝国理工大学），Duncan McFarlane（剑桥大学），Alison McKay（利兹大学），以及 Ken Green（曼彻斯特大学）。

在这段时间里，我们也参考了很多有益的文章，包括：

• Brax，S.（2005）. *A Manufacturer Becoming Service Provider—Challenges and a Paradox*. Manufacturing Service Quality，15(2)，pp. 142-156.

• Davies，A.，Brady，T. and Hobday，M.（2006）. *Charting a Path Towards Integrated Solutions*，MIT Sloan Management Review，43(7)，pp. 39-48.

• Gronroos, C. (2008). *Service Logic Revisited: Who Creates Value? And Who Co-creates*, European Business Review, 20(4), pp. 298-314.

• Mathieu, V. (2001). *Service Strategies within the Manufacturing Sector: Benefits, Costs and Partnership*, International Journal of Service Industry Management, 12(5), pp. 451-475.

• Machuca, J. and Gonzalez-Zamora, M. (2007). *Service Operations Management Research*, Journal of Management, 25, pp. 585-603.

• Neely, A. (2009). *Exploring the Financial Consequences of the Servitization of Manufacturing*, Operations Management Research, 1(2).

• Spring, M. and Araujo, L. (2009). *Service and Products: Rethinking Operations Strategy*, Journal of Operations and Production Management, 29(5), pp. 444-467.

通过大量文献的阅读，我们不断加深对研究结果的理解与讨论。以下是我们进一步的研究成果：

• *Organising for Services Growth and Productivity within Manufacturing, Report to the Royal Academy of Engineering*, INGENIA, 44, 36-39, Sept. 2010.

• Lightfoot, H., Baines, T. and Smart, P. (2011). *Examining the Information and Communication Technologies Enabling Servitized Manufacture*, IJMechE Part B, 225(10), pp. 1964-1968.

• Baines, T., Lightfoot, H. and Smart, P. (2011). *Servitization within Manufacturing Operations: An Exploration of the Impact to Facilities Practices*, IJMechE Part B, 226(2), pp. 377-380.

• Baines, T., Lightfoot, H. and Smart, P. (2011). *Servitization within Manufacturing: Exploring the Provision of Advanced Services and their Impact on Vertical Integration*, Journal of Technology Management, 22(7), pp. 947-954.

• Financial Times (2012). *UK Groups Lag Behind in Adding Services*, http://www.ft.com/intl/cms/s/0/890ae896-a1bd-11e1-ae4c-00144feabdc0.html#axzz1wKrwCKVX. 30 May.

在研究成果汇编成书的阶段，还有不少业界朋友付出了劳动，包括对全书的审读并提出完善的建议等。我们由衷感谢 Jon Greiner，Bob Bacon，Mike Hulon，Bob Wille，Paul Ryder，Martin Higson，Mike Hulme，Tim Bentley，Tom Fallon，Andy Jones，Zac Emmett，Des Evans，以及 Andy Harrison 对本书的反馈与鼓励。

译后记

当前全球经济发展环境正在发生重大变化，制造业的利润空间持续受到压缩，制造企业普遍面临着转型升级的巨大压力。随着工业 4.0 革命的兴起，全球制造业发展格局正在发生演变，引发国家间的相互角力，如中国政府为此提出了“中国制造 2025”，以期实现中国制造向中国创造转变，中国速度向中国质量转变，中国产品向中国品牌转变。这为制造企业的发展提供了难得的战略机遇。制造服务化作为制造业转型升级的动力源将被委以重任，其创新发展更是被世界主流国家视为打造制造业强国地位，稳住经济增长的有效途径。英文版作者关注到了制造商通过开展服务业务实现竞争的实践，这使作者萌生写作这本学术畅销书的最初想法。

为追求持续稳定的收入，制造企业纷纷开始尝试在装备生产的基础上，增加高附加价值的服务活动，通过服务化提升竞争力。然而，并非所有制造业企业都适合进行服务化转型。对服务化的具体实践来说，企业还需要知道服务化的方式有哪些，该从哪个点着手服务化，如何才能使服务化获得最大的成功。

针对企业关注的实践问题，本书作者按照所提供的产品与服务对制造商本身的能力及要求情况，将服务活动分为初级服务、中级服务和高级服务，并着重介绍了高级服务及其特征。本书提炼出了两项制造企业实现向服务化的成功转型的基本能力：有效率地节约成本的能力和提升投入效果的能力。只有制造企业从对服务化观念的接受到最终整个服务传递系统的搭建过程中都注重两项能力的有效发挥,才能快速响应客户需求,实现制造服务化的目的。

本书不仅参考了大量的前沿理论,更为重要的是关注和描述了大量企业的实践运作,包括:制造商的生产与服务设备的配置位置,如要求服务设施距离客户工厂较近,能及时补充所需零部件;组织结构的相应调整与整合,如制造商必须在恰当时间为正确的客户提供符合其需求的产品及服务业务;现代化的信息技术为生产服务带来革命性的变化,如员工借助信息技术实现对产品日常运行的远程监控工作;以及对企业核心要素——公司员工的要求,如员工需要具有关系建立、灵活性、服务导向、真诚、技术熟练和较好的情绪弹性等特点。

本书另一重要的特色是从制造企业实践中发掘了丰富而翔实的案例,深入浅出地对服务化转型措施与过程做出说明。例如卡特彼勒公司采矿车的运营服务案例,详细说明了在高级服务的提供过程中,制造商与客户之间对产品维护责任的明确划分及奖惩措施设计的有力保障。劳斯莱斯公司的引擎健康管理系统案例,描绘了信息技术的强大能力,通过积累和反复调动知识库中的知识与经验,制造商处理故障与问题的能力也在不断提升。阿尔斯通公司在伦敦地铁北线的项目,则充分表明了公司对其员工的工作时间段、工作时长以及工作内容的合理规划和安排。

当然,该书并不是要鼓吹制造服务化和高级服务有多好,只是想为读者呈现出一种制造服务化的趋势,有助于各类读者关注、审视和理解制造服务化这个概念和作用。在全球经济环境越加动荡和制造业利润持续减少的大背景下,想必制造服务化转型将是谋求转型升级的制造商感兴趣且关心的话题,从而也必将吸引越来越多理论研究者的关注。

本书的翻译工作主要是在 2016 年完成的,全书由毛丽娜翻译出初稿,由李靖华进行了仔细的修改和全篇的通稿。此外,硕士生瞿庆云帮助翻译和绘制了全书的图形,在此对团队成员的辛勤付出表示感谢!

感谢浙江工商大学工商管理学院盛亚教授及其领导下的我们整个研究团队。盛老师学识渊博、虚怀若谷，给予本项工作极大的支持和帮助，他对科学研究的执着深深感染着团队的每一位成员。每个学期里风雨无阻的每周例会，督促我们在创新研究的道路上不断前行。

衷心感谢国家哲学社会科学重点规划项目“国家复杂产品生产能力比较研究”(15AZD057)、浙江省一流学科A类——浙江工商大学工商管理学、浙江工商大学校级重点学科和校级重点研究基地——技术经济及管理对本书翻译出版的资助！同时感谢浙江大学出版社朱玲编辑和杨茜编辑，她们的辛勤劳动和敬业精神是本书顺利出版的重要保证！

最后，也要感谢译者的家人们。翻译是一项艰苦的工作，总是要占用大量的业余和休息时间，如果没有家人的理解和支持，很难想象我们能顺利完成这本书稿的翻译！

李靖华　毛丽娜

浙江工商大学技术与服务管理研究中心

2017年10月

图书在版编目（CIP）数据

为服务而制造：高级服务的兴起 /（英）蒂姆·贝恩斯，（英）霍华德·莱特福德著；李靖华，毛丽娜译. —杭州：浙江大学出版社，2017. 12

书名原文：Made to Serve：How Manufacturers Can Compete Through Servitization and Product Service Systems

ISBN 978-7-308-17604-0

Ⅰ. ①为… Ⅱ. ①蒂… ②霍… ③李… ④毛… Ⅲ. ①制造工业—服务经济—转型经济—研究 Ⅳ. ①F407. 4

中国版本图书馆 CIP 数据核字（2017）第 271108 号

Made to Serve：How Manufacturers Can Compete Through Servitization and Product Service Systems/by Tim Baines and Howard Lightfoot/ISBN：978-1-118-58513-3

浙江省版权局著作权合同登记图字：11-2017-362 号

为服务而制造：高级服务的兴起

［英］蒂姆·贝恩斯（Tim Bains） 霍华德·莱特福德（Howard Lightfoot） 著
李靖华 毛丽娜 译

责任编辑 杨 茜
责任校对 杨利军 汪 潇
封面设计 周 灵
出版发行 浙江大学出版社
（杭州市天目山路 148 号 邮政编码 310007）
（网址：http://www.zjupress.com）
排 版 杭州中大图文设计有限公司
印 刷 杭州钱江彩色印务有限公司
开 本 710mm×1000mm 1/16
印 张 13.75
字 数 189 千
版 印 次 2017 年 12 月第 1 版 2017 年 12 月第 1 次印刷
书 号 ISBN 978-7-308-17604-0
定 价 49.00 元

浙江大学出版社发行中心联系方式 （0571）88925591；http://zjdxcbs.tmall.com